中国学校教育探索丛书
甬派教育管理名家系列

教育，一切从人出发

黄兴力 著

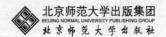
北京师范大学出版集团
BEIJING NORMAL UNIVERSITY PUBLISHING GROUP
北京师范大学出版社

图书在版编目(CIP)数据

教育，一切从人出发 /黄兴力著 . 一北京：北京师范大学
出版社，2022.7

ISBN 978-7-303-27804-6

Ⅰ.①教… Ⅱ.①黄… Ⅲ.①中学教育－研究 Ⅳ.①G63

中国版本图书馆 CIP 数据核字(2022)第 025894 号

营 销 中 心 电 话 010-58802135 010-58802786
北师大出版社教师教育分社微信公众号 京师教师教育

JIAOYU YIQIE CONG REN CHUFA

出版发行：北京师范大学出版社 www.bnup.com
北京市西城区新街口外大街 12-3 号
邮政编码：100088

印　　　刷：三河市兴达印务有限公司
经　　　销：全国新华书店
开　　　本：710 mm×1000 mm 1/16
印　　　张：10.25
字　　　数：160千字
版　　　次：2022 年 7 月第 1 版
印　　　次：2022 年 7 月第 1 次印刷
定　　　价：49.00 元

策划编辑：冯谦益　　　责任编辑：马力敏　李灵燕
美术编辑：李向昕　　　装帧设计：李向昕
责任校对：康　悦　　　责任印制：马　洁

丛书编委会

主　任：苏泽庭

副主任：徐文姬　陈如平　柳国梁

委　员：（按姓氏笔画排名）

马　兰　王晶晶　石伟平　朱永祥

刘占兰　李　丽　沙培宁　张新平

林小云　赵建华　袁玲俊　耿　申

戚业国　彭　钢　蓝　维

序　一

"教育兴则国兴，教育强则国强。"实现中华民族伟大复兴的中国梦，归根到底是靠人才、靠教育，必须把教育事业放在优先位置。党的十九大报告提出的"建设教育强国"，主要方向是走中国特色社会主义教育发展道路。习近平总书记在 2018 年全国教育大会上明确提出"坚持扎根中国大地办教育"。中国的教育应根植于中华文明，守住中华优秀传统文化的根与魂，讲好中国教育故事，创生中国特色理论，为人类贡献中国智慧和中国方案。

宁波简称"甬"，位于长江三角洲南翼，是我国东南沿海重要港口城市和历史文化名城。宁波教育源远流长，长盛不衰。唐建州学，宋设县学，人文荟萃，贤才辈出。在河姆渡文化的孕育下，宁波先后出现了一批又一批有影响力的教育思想家，如宋元时期的高闳、王应麟等，明清时期的王阳明、钱德洪、徐爱、方孝孺、朱之瑜、黄宗羲等，民国时期的陈训正、张雪门、杨贤江等。这些先贤都为宁波的教育做出了不朽贡献，在中国的教育发展史上发挥了重要作用，是甬派教育家的典型代表。

改革开放以来，宁波市的基础教育实现了跨越式发展。宁波教育本着"以人民为中心"的宗旨，全力"办人民满意的教育"。人民满意的教育是优质公平的教育，是"办好每一所学校""教好每一个孩子"的教育。谁来办好每一所学校呢？除了政府外，教师是立教之本、兴教之源。那么，靠谁把广大教师组织起来呢？靠校长。有一位好校长，才有一所好学校。宁波基础教育高水平优质发展的伟大实践，亟须一批"教育家型"的优秀校长。正是基于这种思路，从 2009 年开始，宁波市就启动了"甬派教育管理名家培养工程"，2017 年 3 月启动了第二期工程。

一项人才培养工程能够持续开展十余年，并持续发挥重要作用，这本身就值得研究。长期以来，宁波市一直重视中小学校长和幼儿园园长队伍的建设，注重校(园)长成长规律和培训规律的研究，凭借宁波人"敢为人先"的创新精神，开创性地提出了教育干部培训的宁波模式和宁波经验，形成了"新任校长—合格校长—骨干校长—名校长—教育管理名家"的"五段三分双导"校长培养的完整体系。"甬派教育管理名家培养工程"位于宁波市教育干部培训"金字塔型"培养体系的塔尖，代表了宁波市教育干部培训工作的新高度，已经成为宁波市教育干部培训的新品牌。第二期"甬派教育管理名家培养工程"采用"双导师制"，聘请国内著名教育专家为理论导师，聘请全国有影响力的著名校长为实践导师，采用课题研究与经验提炼相结合的方式，来进行三年学习、两年展示的为期五年的培训，进而培养出教育管理的领军人物。这次出版的"甬派教育管理名家系列"丛书就是第二期培养对象经过三年学习，在名家的指导下，对自我教育实践进行提炼和提升的成果。

丛书的出版，虽然有种"立此存照"的意思，但更重要的是提供了一种"本土经验""本土智慧"和"本土创造"。本系列丛书，有的是对办学实践的经验反思，有的是对办学主张的提炼梳理，有的是对办学理想的叙说……这些教育经验、教育主张、教育信念和教育理论，共同组成了新时代"甬派教育管理名家"的教育思想。细细品味丛书，我们可以清晰地感受到这批"甬派教育管理名家"办学思想背后的文化底蕴。

"知行合一，就是要行必务实。"本系列丛书的每一位作者都是宁波校长队伍中的优秀代表，他们的成长都建立在成功办学的基础上。每一本专著背后，都有一所或几所优质学校做后盾。从每一位校长的成长历程中，我们可以清晰地看到，"知行合一"已经成为他们共同遵循的基本观念。他们强调做实事、务实功、求实效，确保定下的每一件事能做到、能做好。他们强调经世致用学风，务当务之务，勇于任事，致力创新。本系列丛书记录了他们从理论到实践的行进方式，促进了宁波教育的率先发展，体现了"实践、认识、再实践、再认识"的实践论观点。

"知难而进，就是要行不懈怠。"本系列丛书在编写和出版过程中遇到的困难是显而易见的。从出版的数量上看，一项工程要出版 20 本专著，这在宁波市教育干部培训历史上是前所未有的。本系列丛书出版的组织者——宁波教育学院，坚持志不求易、事不避难，这种担当精神令人敬佩。从出版的质量上看，作为专著的作者，各位校长要从忙碌的日常管理工作中抽出时间是一件十分不易的事，而且在写作过程中还会遇到各种问题，这些对他们来说都是很大的挑战。但是，他们敢于直面挑战，勇于解决问题，把不可能变成了可能。因此，本系列丛书的成功出版，是各方知难而进、共同奋斗的结果。

"知书达理，就是要行而优雅。"有着 400 多年历史的天一阁，是中国现存较早的私家藏书楼，也是亚洲现有较为古老的图书馆和世界最早的三大家庭图书馆之一。它使人们真切地感受到了书香宁波的特有气质。本系列丛书的出版既是对这种城市魅力的共建，又是对流淌在宁波教育人身上"书卷气"的共识。从工程一期的《我的教育思想》到这次二期的系列丛书的出版，反映了宁波教育人注重内涵发展、崇尚理性思想、爱好著书立说的优雅旨趣。翻开丛书，我们从字里行间都能感受到各位校长在办学过程中体现出来的崇文重教、崇德向善的教育思想和知书达理、彬彬有礼的人格魅力。

"知恩图报，就是要行路思源。"宁波人懂感恩、会感恩，本系列丛书的出版也是一种感恩回报。在工程的实施过程中，他们有幸得到了全国著名教育专家的指导；他们感恩各位导师的辛勤付出，珍惜与导师的深厚情谊。本系列丛书的出版是他们对导师的最好回报。他们有幸遇到了北京师范大学出版社，敬业勤勉的编辑老师的专业指导助推了丛书的顺利出版。他们感恩党和政府，正是在党的正确领导下，才实现了他们的个人价值。他们感恩教育本身，蓬勃发展的教育事业为他们提供了研究教育、施展才华和专业成长的沃土。本系列丛书的出版，必对宁波教育的发展发挥重要的作用。他们感恩所有关心、支持和帮助过他们的人，本系列丛书正是他们抒发这种感恩之情的载体。书中提到的每件事、每个人，其背后都是浓浓的感恩之情。

总之，"甬派教育管理名家系列"丛书的出版是宁波教育史上的一件大事，是宁波教育向中国共产党的献礼之作，它必将对宁波教育努力率先高水平实现教育现代化的新时代总目标发挥重要作用。

苏泽庭

2020 年 8 月

序　二

2017 年 3 月，宁波市第二批"甬派教育管理名家培养工程"启动，29 位宁波市知名校长入围受训。此工程是宁波市加强校长队伍建设的创新之举，也是宁波市校长培训工作的顶端品牌，旨在落实"教育家办学"理念，通过培养一批"更加专业""更加卓越"的"本土教育家"校长，来领导宁波教育的创新发展。我受宁波市教育局、宁波教育学院、宁波市教育行政干部培训中心的委托，全权代邀 10 位国内著名的专家学者组成了一个专业的导师组；又因是宁波人的关系，我被任命为组长。三年多来，经过面试面授、外出游学、著书立说、登台报告等程序，"甬派教育管理名家培养工程"已完成大部分的目标和任务，进入了最后的收官阶段。

回首当初，宁波市教育局、宁波教育学院、宁波市教育行政干部培训中心和导师组就此工程提出了"五个一"的目标，即申报立项一个课题，核心期刊上发表一篇学术论文，每年外出短期游学拜师一次，撰写一部教育管理专著，举办一次办学思想研讨会。其中，最为重头也是最硬气的，就是要求第二批教育管理名家培养对象人人完成一部专著，即基于办学实际和对教育内涵、教育教学管理具体工作、办学育人规律的认识，思考教育问题并总结行之有效的经验，通过思考、梳理、总结、提炼，集结成册，形成一本专著。令人欣慰的是，在宁波市教育局、宁波教育学院、宁波市教育行政干部培训中心的领导下，在导师组的精心指导下，29 位培养对象除却 3 人因工作调动不再担任校长外，有多位校长提交了书稿，编写成"甬派教育管理名家系列"丛书，由北京师范大学出版社正式出版，成为"甬派教育管理名家培养工程"的标志性成果。

30 多年来，我始终关注学校的发展问题，特别是"校长"这个学校发展的关键性和决定性因素。俗话说得好，"火车跑得快，全凭车头带"。从某种意义上说，校长的素质决定学校的发展，没有高素质的校长，就不可能有学校的可持续发展。近年来，大量的学校实践案例和校长实践经验，让我对"一位好校长就是一所好学校"这一信条深信不疑。这一点已在第二批"甬派教育管理名家培养工程"的培养对象办学以及他们各自的专著中体现了出来。2020 年 9 月 15 日，《教育部等八部门关于进一步激发中小学办学活力的若干意见》(以下简称《意见》)发布。《意见》明确提出，注重选优配强校长，努力造就一支政治过硬、品德高尚、业务精湛、治校有方的高素质专业化校长队伍。这是激发办学活力的关键性因素。《意见》不仅增强了实施"甬派教育管理名家培养工程"的信心和决心，也给未来中小学校长的选拔、培养与使用提出了新的目标和要求。

关于校长的素质特征、能力表现等，我结合近年来自己的研究，认为现在衡量和评判校长水平高低的重要标准或指标有了变化，除了显性的办学成就和管理水平外，还要看他教育思想的整体性、系统性和集成性，看他办学思路的完整性、清晰性和流畅性，看他育人成果的全面性、发展性和创新性。这些标准或指标，以往可以体现在学校章程、发展规划、年终总结或述职报告等载体中，如今必须通过系统思考、全面梳理和总结提炼，形成办学育人的规律性认识以及体系化建构，最终集合成综合性论文或学术专著来展示。这也是我们在第二批"甬派教育管理名家培养工程"中如此重视和强调著书立说的原因。

鼓励和引领校长著书立说，在实际操作时容易走向功利化境地，对此社会上和教育界内出现了不少反对的声音。尽管我也特别反对教育中各种功利化的做法，如校长为出书而出书，但我还是建议校长随时思考、总结、梳理和提炼自己的办学思路、行为及其结果。这既是校长的基本功和校长专业发展的必修课，又是加强校长队伍建设的重要任务。那么，如何做好这一项工作？在此，我用教育管理名家的"名"字做些发挥，谈谈自己的三点体会，同时也表明我对"甬派教育管理名家培养工程"的认识、态度和立场。

第一，要弄清楚因何而"名"。所谓"名"，是指知名、著名。校长有名，实指校长声望高、有影响力。在现实中，名校长包括两层含义：一是名校的校长；二是知名或著名的校长。二者往往是可以转化的。校长先担任名校的校长，再在办学上有所贡献，使自己成为知名或著名的校长；也可以是知名或著名的校长执掌一所学校，把学校办成名校，使自己成为名校的校长。学术界给出了很多关于名校长的定义和主要特征，但从总体上看不外乎三个方面：一是办学成功，二是思想定型，三是影响力大。"甬派教育管理名家培养工程"的培养对象都或多或少地具备这三个方面的特征。

我一直认为，名校长是一个发展性的概念。任何事物的发展都是由量变到质变的过程。一位校长的成功与成名也是一个积累和发展的过程，不可能一夜成名。任何一位名校长，都是其办学思想和办学业绩得到广泛认可后才逐渐成名的。教育行政部门对名校长的认定只是一种形式。从根本上讲，名校长不是自封的，也不是任命的，而是社会公认的。名校长在被教育行政部门认定之前就已经在教育界和社会上具有一定的名望。名校长的"名"应是一种社会影响和社会认可。引导和鼓励校长成为名校长，可以使校长有更高的追求和境界，从而把学校办得更好。

第二，名校长要擅长"明"。一位优秀的校长必须有独具特色的教育思想并身体力行。苏霍姆林斯基根据自己多年从事校长工作的实践经验提出，领导学校首先是教育思想的领导，其次才是行政上的领导。这是一个十分重要的观点，也是校长管理学校的客观规律。教育家是实践家，衡量教育家的首要标准就是他们在教育实践工作中的成绩：或育才有方，或治校有方、成绩突出。名校长都是成功的校长，是治校有方、办学成绩突出的校长，理应被称为教育家。教育家要有自己的办学思想，甚至有的教育家还创立了新的教育理论。他们都必须亲身从事教育实践，把办学思想和新的教育理论用于教育实践并且取得显著的成效，否则就不能被称为教育家。这是所有想成为名家的校长们必须懂得的道理。

"明"就是要明理。明理是读书人要达到一种通达慧明、明晓事理的境界。名校长要明以下三方面的理。一是教育之理，说的是教育的本质特征。《说文解字》对"教育"之理讲解得非常精辟："教，上所施下所效也""育，养子使作善也"。这两句话表明育人是教育的本质。二是办学之理。办学是有规律可循的。办学规律及其衍生出来的运行体系、体制和机制等，都是办学之理。三是育人之理。弄清楚"培养什么人"的问题，这是教育的首要问题，同时还要弄清楚"怎样培养人""为谁培养人"等问题。这三个问题构成育人的有机整体，不可分割，只有如此才能培育和造就全面发展的人。名校长还要善于捕捉代表时代发展和前进方向的新思想、新观念，善于用批判的眼光、理性的思维去分析教育的问题，反思自我教育行为，不断深化对教育的规律性认识。

第三，名校长要善于"鸣"。鸣，就是发出声音，意思就是，名校长要善于表达，善于发表自己的意见和主张，引导舆论，营造氛围。"千线万线，只有一个针眼穿。"千线万线指的是各种各样的政策、理论、理念和方法；针眼是指学校实践，任何政策、理论、理念和方法都要通过学校实践来落地实现。当下，名校长必须把以下四项问题的落实和解决作为己任，下足功夫，写好文章。一是全面贯彻党的教育方针，建立健全立德树人教育机制，大力发展素质教育，着力培养学生的社会责任感、创新精神和实践能力。二是深化教育教学改革，不断推进课程改革，优化教学方式，探索因材施教的路径、机制和策略，创建适合学生发展的教育体系。三是注重理论与实践的结合。校长要用科学的理论指导教育教学实践，要通过实践总结创造出新的科学理论，再用新的理论去指导新的实践，提高办学育人水平；同时，还要结合时代和教育的发展，不断融入新的元素，寻找新的增长点，实现发展目标。四是善于传播先进的教育思想理念，既能用自己先进的教育思想和教育价值去影响教师和改造教师，促进教师教育观念和教学行为自觉地转变，又能科学引导家长和社会树立正确的教育观、育人观，努力营造良好的教育生态环境。

陈如平

2020 年 9 月

序三

我做过几年校长，对有关学校的事情一直抱有一种天然的情愫。二十多年来，我不仅写过一些文章发表自己的见解，也经常上台做报告。讲述多年来的教学与管理经验，我还会到学校进行现场指导，与校长、教师面对面交流、思考和分享。尤其是近年来，我提出秉持"去功利、致良知"的原则，坚持"全面育人、文化内生、课程再造、整体建构"的主张，打造"有人性、有温度、有故事、有美感"的新样态学校，这一新的理念和实践，不仅为各式各样的学校提供了一条内生式发展新路，而且吸引了一大批致力于学校改革发展的志同道合者。其中的典型代表就有宁波市第二中学的黄兴力校长。

我跟黄兴力校长的初识，是在他担任重庆铁路中学校长时。那时，他主张的办教育要从说真话开始，做教育要心存质疑，教育要让学生成为自我成长的主人，教育呼吁民主与开放，教育要去功利化等观点对我的研究启发很大。前些年，他作为优秀人才引进，执掌宁波市第二中学这所百年名校，我们又有了进一步的交往，我们围绕学校发展问题有过几次深谈。2017年，他被推选为第二批甬派教育管理名家工程培养对象，我恰好担任他的指导教师，惺惺相惜之下我们组成了一个特殊的教育命运共同体，这使我俩有更新的平台和更多的机会进行深入交流和分享思想。

无论是在山城重庆还是在东海之滨，黄兴力校长始终勤于思考，笔耕不辍，撰写诸多文章，其中蕴含着大量鲜明透亮的教育思想和办学主张，勾画出特有的话语体系和教育语境。本书是他融汇重庆和宁波两地20多年办学经验和深入思考所形成的众多专著之一。书中文字犹如山间溪水汩汩而出、细水长流，叙事梳理则是深入浅出、娓娓道来，有着说不尽的亲切感和亲和力。其中的许多思想主张，如学校要"有人性"，要善于发现"人"，教育要"去功利"，要回归自然形态，校长姓"教"，教师真爱，学生深学，等等。这些与我对教育和学校的理解不谋而合，可以作为校长、教师进行思想碰撞、心灵交往的重要基础。

黄兴力校长自始至终在抓办学的根本。办好学校涉及诸多内外因素，任何教育思想、理论、政策、课程、教材乃至新技术、新方法，只有通过学校层面的整合、协同，才能落地、落小、落细，才能发挥出真正的作用。这其中的核心，就是"人"。黄校长说："好的教育一定是有'人'的教育；有'人'的教育，是一项会开出花儿来的好事业，你会看见在你眼前的学生，他们的生命是如何成长的，又是如何绚烂精彩的。"他从发现学校中的"人"出发，建立起"有人性""有生命"的观察点，细致探讨学生、教师、课程、学习、文化、创新等问题，给我们构建一个"全面育人""科学育人""整体育人"的教育体系。

黄兴力校长是一位有文化的校长，这一点，他在重庆铁路中学已表现得淋漓尽致，到宁波市第二中学更是得到了升华。宁波市第二中学位于宁波的母亲湖——月湖。清代大儒全祖望在此著书立说 30 年，对月湖文化有着这样的阐释："湖水之静深，足以洗道心；湖水之澄洁，足以励清洁；湖水之霏微，足以悟天机。"我每每到访宁波市第二中学，黄校长对此总是深情诠释。他还有着诗意的描述："二中师生脚步轻轻，话语柔柔，温文尔雅，脸上露出暖意，对待高考的压力，不急不躁。"他认为，学校文化不是墙上的标语、不是学校硬件的投入、不是表面的装修和装饰、不是学校的宣传标签，而是学校长期积淀形成的具有学校独特人文特质的约定俗成的并被师生接纳的行为准则和价值观，这些正是学校绵绵相续、与时俱进的生命所在。

黄兴力校长对学校的未来充满憧憬。他说："未来的宁波市第二中学，是一所宁静而鲜活、解放而非控制的学校，一所文化传承并与世界站在一起的学校，一所有温度、有人性、有故事、有美感的学校，一所充满智慧和学术力量的学校，一所做了学生几年的母亲而让学生用一生去想念的学校。"对此，我深以为然，高度赞同。

陈如平

2020 年 5 月

北京西单大木仓胡同

目 录
CONTENTS

第一章

发现学校中的人

好的教育一定是有"人"的教育。教育是一项很有意思、很美的工作。校长和教师如果把学生看成一个容器，那教育就只有功利的分数了，教师也就是一个冰冷的"造分机"。如果心中没有对人的关注，人数再多的学校，哪怕是万人中学，也是没"人"的。这里的"人"，是人文与人性。有"人"的教育，是一项会开出花儿来的好事业，你会看见在你眼前的学生，他们的生命是如何成长的，又是如何绚烂精彩的。站在学生健康成长的立场上去思考办学，那就是学校要承认学生的差异、善待学生的差异和发展学生的差异。学生的智能优势、兴趣和志向如果能够很好地重合在一个点上，学生就很容易成功，这个点就是学生成长的生长点，学校教师就是要找到这个生长点。

一、多彩人人：人的自然属性

人的智能是多元的，每个人都有自己独特的智力优势，也存在着发展不平衡问题。学校如何为学生未来的人生奠基，使其可持续发展？如何促进教师的专业成长，使其拥有完美的教育生涯？只有在评价标准单一的情况下，才会有优生与学困生、出色教师与平庸教师之别。如果以每一位师生自己的"优势智能"为标准，那么学校就只有"有差异的学生（教师），而没有学困生（教师）"。对于学生和教师，我们应当承认差异、尊重差异、善待差异，发展师生的优势智力领域。真正的教育，要从每位学生、每位教师的潜在智力优势与职业优势出发，为他们提供与自己相适合的学习和教育的方法与策略，从而让他们成为自己眼中的明星，并最终成为社会的明星。

没有学困生，只有差异

认同、尊重和发展学生的个体差异是教育应时刻秉承的理念。我们承认每位学生都有属于自己的优势智能，尊重、善待每个学生的差异，从其潜在优势智能出发，为学生提供适宜的学习环境，使每个学生得到最大程度的发展。

用"多把尺子"来衡量和评价学生。多一把尺子，就多一批好学生。学校把绝对标准、相对标准和个体标准很好地结合起来，制定多元的评价指标，既体现对学生的基本要求，又关注每个人的个体差异，鼓励学生张扬个性，促进学生健康成长。例如，我曾工作的重庆铁路中学每周推选出近期在某一方面特别出色或为集体做出突出贡献的学生个人或群体成为当周的校园明星，在全校早会上为其升星光旗。在班级中以多元的评价标准，评选出代表班级主流文化的班级明星。以"达标就评、重在激励"为原则，通过自评、互评、他评相结合的形式，在毕业年级的学生中选出毕业星光奖的获得者。学校每年创建一个巨大的星光墙用来记载当年的毕业星光奖。由全校师生投票选出心目中的年度校园明星，为走上星光大道红地毯的获奖学生颁发"感动铁中"星光奖。几年来，获得星光奖的既有品学兼优者，又有身残志坚、自尊自立者，使每个学生的优点和长处都得到了肯定。

在学生学业评价方面，教师坚持"不同起点，不同目标"的原则，引导学生去关注各自不同的进步幅度和发展空间，不放弃任何一位学生。即使是学困生，也不会感到自卑和垂头丧气，也许他还是阳光的"足球先生"、笑口常开的"礼貌学生"。教师努力挖掘和开发每个学生的潜能和优势，让学生自信而阳光地生活和学习。

在课堂上为学生提供多元发展空间。课堂是最能体现学校办学特色和办学思想的地方。随着对学校文化认识的不断深入，一些问题引起了我们对课堂教学的新思考：什么样的课是一堂好课，其评价标准是什么，什么样的教学最有效？传统的教学以相同的方式对待每一个学生，不同的学生以相同的方式学习相同的学科，最后以统一的标准化测试甄别学生。这种对不同学生的相同教学看似公平，实则漠视学生的个别差异，未能发展学生特有的优势智能。为此，我们让教师重新定位自己在课堂教学中的作用。教师不仅仅是知识的传授者，还应当成为帮助者和引导者，帮助和指导每个学生找到适合自己的学习方法，使他们在各自已有的基础上谋求更大的发展。

好的课堂不是教师的课堂，也不是少数几个学生的课堂，而是所有学生的课堂，是群星灿烂的星光课堂。究竟什么是星光课堂？我们探索出五个评价维度：生本、民主、互动、情趣和高效。

星光课堂是生本课堂。在这样的课堂里，不同层次的学生，其发展需求都能得到关照。星光课堂是民主课堂。每个学生都能得到参与的机会。星光课堂是互动课堂。学校在每个教室设立师生交流台，学生把对教师教学的建议、知识的缺漏和疑问贴在上面，便于教师尽快掌握学情，被学生戏称为"铁吧"（"铁中的贴吧"）。星光课堂是情趣课堂。教室里发出的笑声、惊叹声、质疑声、争论声都是师生洋溢的生命激情。星光课堂是高效课堂。我们提倡教师用最短的时间达成教学目标，有的教师前四个维度做得很好，但有的学生没有听懂，不会运用知识去解决问题，这也不是高效的教学。因此，在有限的时间里，教师既要教学生"会学"，还要教学生"学会"。

我们把学生的民主评教制度作为建构星光课堂的一个重要手段。每学期的期中、期末考试前后，我校均组织全体学生对教师的教育教学工作进行全面评价，分年级编写测评表，由学生在网上对所有教师的教育、教学工作进行实事求是的评价，由教务处统一对学生的评价信息进行处理和分析，并及时反馈给每一位教师。这样，可以促使教师不断改进自己的教育教学方式，提高课堂教学质量。

让学生在多样的活动中发展自我。中学阶段是学生各种能力培养的关键阶段，学生能否开心地学习和成长，能否养成健康的性格和开朗阳光的个性，取决于学校为学生开展怎样的校园活动。我校用特色活动打造"个性化"学生文化，让学生过一种自由、民主、快乐的生活。

学生可以自主举行各项活动，学校的文体活动让学生们"活"起来，在艺术活动中凸显个性，在体育活动中打造健康生活，在社团活动中开辟自由空间。在这个过程中，学生会成为校园活动的主体。例如，在校园"十佳"歌手比赛中，学生会成了主办者，纪检部负责票务，文娱部负责音响及后台，体育部负责现场秩序，学习部和组织部负责记分统分，各司其职、分工合作，将"十佳"歌手赛办得红红火火。

除了学校组织丰富多彩的社团活动外，学校还支持学生组建健康、有益的社团。一位学生自发组建了校航模队；学校楼道的一角安放钢琴、古筝等乐器，让学生自由弹奏，有的学生还在那里举办小型钢琴演奏会；一位文学创作成果丰硕的学生，突然萌生强烈的创作灵感和冲动，她申请一段时间在家撰写十几万字的长篇小说，学校同意了该生的请求。在这种宽松的氛围中，学校涌现出许多"怪才""偏才"，有学生作家，有擅长舞台和近景魔术的校园"小刘谦"，有小小音乐创作人，等等。

2008 年，学校开启"百生讲坛"，学生可以申请给广大师生开讲座或上课。开讲者可以展示自己的特长爱好，介绍自己的创造发明和独到的思想与观念，甚至可以"克隆"自己喜爱的教师的一堂精彩课，或者自己创新讲课模式等。一位高二女生的魔术表演还在全国特长生选拔大赛上荣获金奖，她开设的"魔法课堂"深受广大师生的欢迎。"百生讲坛"给了学生充分展示自己的舞台，在这个舞台上他们找到了自信和个人发展的更大空间。

一个都不能少

九龙坡区在文化广场招生的宣传日，全区几十所中小学各出新招，在步行街摆摊设点宣传学校办学成绩和特色。在广场大舞台上，九龙坡的区教委还组织了一台文艺演出。在演出前，来自一所书法特色学校的小学生们把制成匾的有关廉政建设方面的书法作品，上台送给部分学校的校长。学生们穿戴整齐，小脸被教师涂上了喜庆的红粉。他们端着匾，一遍遍练习如何上台、如何转身、如何敬礼、如何送给大人、如何下台。教委同志把校长叫上来接匾。在临上台前，一数人，发现一对一的赠送，校长队伍少一人，送匾的小学生队伍多了一人。带队的教师立马把最后一名小男生叫住，让他不要上台了。这时，我们看见小男生捧着匾，嚶着嘴难过地退出了队伍。我旁边两位校长急忙给组织者说，一个都不能少，那孩子应该跟同学一同上台。然后，他们找到站在附近的一位校长，请他站进接匾的校长队伍里。这个问题在一分钟内被解决了，但这件小事可谓耐人寻味。

我非常敬佩那两位校长的做法，他们"像对待荷叶上的露珠一样，小心翼翼地保护孩子幼小的心灵"(苏霍姆林斯基语)。孩子稚嫩而脆弱的心灵，就如同那滚动的露珠，需要大人的精心呵护。带队的那位教师根本没有考虑孩子的感受，这种随意的处理方法，不经意间刺伤了孩子的自尊心。与学生打交道，必须小心翼翼。有时大人们认为的"理所当然""关怀备至"也许会对学生造成精神上的伤害，它带来的心灵痛苦比身体的痛苦更为强烈。

在活动中释放个性，丰富人生

过去，学校每年年底都要举行大型联欢活动。第一年是篝火晚会，第二年是校园游园活动，第三年是大型文艺汇演。三年轮换一次，不管是初中生还是高中生都能在三年的读书时间里，参加完三种不同形式的联欢活动，并连年感到惊喜。

第一，篝火晚会。

熊熊的篝火在学校大操场燃烧，融化了师生一年里内心某一角落因失意凝结成的冰块。师生起初围着篝火观看演出，然后围着几大堆篝火一起狂欢，尽情地欢歌舞蹈，肆意挥洒激情。每当那段时期毕业的校友们回忆起校园生活时，他们总会因眼前浮现出的那团跃动的火焰而备感校园的温暖。

第二，游园活动。

校园游园活动可谓丰富多彩，有校园十佳歌手演唱会、校园书画展、游戏等。有一年，我正好负责学生工作，我负责在全校各班招聘各项游园活动的组织者，另外，我还招聘了诸如奖票制作、奖品购买与发放、学校安全巡逻、环境卫生监察与评比、宣传广播等工作组。我要求这种大型游园活动，学生是组织者和参与者，教师不能跳到前台来组织和操办。

学生非常聪明，他们的创意让教师目瞪口呆、心服口服。

全校 60 个班每个班都有自己的美食店。组织美食街的班级居然在全校根据商品是否有利于购买而划出了地价，进行店铺位的地价竞标。这个班还组织了全校美食街的竞赛活动，比一比哪个班的美食最受欢迎，哪个班的钱赚得最多。要想卖得好，就得店位好。组织者把竞标收到的钱做什么用呢？拿来评比，看谁无消费者的投诉，看谁的环境卫生保持得好。

还有一个初中班，选择在隆冬时节卖冰棍，着实大赚了一笔。他们想，很多班级卖的是烧烤、火锅、麻辣串之类的食品，嘴馋的人享用完辛辣之后，就会喝水，如果用冰棒给他们消消火那就最好不过了。他们穿上了其他学校的校服，这种"奇装异服"在校园内特别扎眼，让你不看也得看。他们推着冰棒车游走在校园里，引来众人拿着钱去追逐。

这一天，教师不像教师，学生更不像学生，学生看见教师就窃喜，主动跑向教师，他们就喜欢向教师拉生意，教师或碍于面子，或鼓励学生，不得不尝尝他们做的食物，还得说些好话，但消费了，教师一定是要埋单的。

让教师惊喜的是，游园活动结束半小时后，一片欢腾的海洋又变成了干干净净的学园。我想，学校的这一活动，不仅让师生得到了一种快乐的放松，还为学生搭建了创造的平台，让校园充满了暖暖的亲情。

第三，大型文艺演出。

学校历来重视艺术教育，并且还是全国艺术教育先进学校。学校每隔两年就有一场大型元旦文艺演出。这种演出可不是一般意义上的班级节目表演。学校在 10 月到 12 月期间，会开展一系列艺术节展演活动，包括歌唱、独舞、朗诵、演奏、小品、绘画等活动，艺术教师从优胜者中挑选出艺术团新成员。这台演出很有中央电视台春节联欢晚会的味道，每一次都有创新，都有一个主题，整台节目汇集了全校所有艺术团成员和艺术教师的智慧与创意。

学校没有大的演出礼堂，就在学校附近一个设施一流的影剧院租场地。剧场只能容纳一千多人，没办法，艺术团在一天得连演三场，上午走台化装，从中午开始，演出第一场，一直演到晚上。演员们被教师调教得很有明星风采，个个在台上收放自如，颇有专业水准。

正因为学生受到了艺术的熏陶，教委的老师觉得学生总能给他们留下健康、洋气、开朗的印象。本校考入北京电影学院表演、导演、制片等专业的学生到现在为止不下 10 名，并且这些学生在中国艺术领域已成瞩目的新秀。

弃考但绝不能放弃理想与激情

我校优秀毕业生周显欣在《高考 1977》这部影片中担任女主角，她邀请我参加该片的首映式以感恩母校的培育，但很遗憾，由于当时我在英国学习培训，未能到场。回国后，我顾不上二十多个小时归途的疲惫，迫不及待地走进电影院观看该影片。我站在一个基础教育工作者的角度，力求通过观看此片去理解高考制度的社会价值和现实意义。影片填补了中国电影史的一段空白，电影的上映比电影本身更有意义（套用剧中人说的）。在中国，谢晋模式的民生电影依然拥有忠实的万千影迷。

我含泪走出电影院，沉浸在影片带给我的无限感动时，我的手机铃声响了起来。北京一家教育刊物的记者电话采访我对"重庆高考万人弃考"的看法。据重庆一位招考办人士介绍，某年重庆市报考人数为 19.6 万人，而在之前的三年里高中入学人数 21 万多人。这就意味着在高中三年间，约有 2 万高中生"流失"了。在三年高中期间真正放弃高考的人数占应届生总数的 10% 左右。记者介绍的情况让我着实吓了一跳，不参加高考的学生有如此之多！

他的问题有两个。弃考是必然还是偶然？弃考是理性还是冲动？仔细了解本地弃考的情况后，我把问题放在它特有的背景下去思考。我认为弃考是一种必然，不在重庆爆发，也可能在其他地方发生。弃考在一定程度上也是理性的。

1977 年国家恢复高考后，历史的车轮滚滚向前，我们的世界越来越绚丽多彩。如今，高考已不再是改变命运的唯一出路。《高考 1977》反映的是 1977 年的年轻人为争取读书考大学的权利，流血、流汗甚至付出生命，令人唏嘘不已。当年的年轻人为命运做选择的机会少之又少，恢复高考制度成为穿过厚厚云层射向他们心灵深处的唯一曙光。在此之后，中国万物复苏的大地上展开了一幅长达三十年的波澜壮阔的画卷。如今，学生们有了更多的人生选择，适于自身发展的路就是光明之路。金榜题名已不再是人生仅有的几项快乐至极之事。弃考从这一角度来讲是时代的进步。

不是所有的改革都能成功，摸着石子过河，总会遇到坑坑洼洼，甚至跌倒摔伤，付出惨痛的代价，这是历史的必然。城乡教育发展的不均衡、高校的盲目负债和扩招、教育投入与回报的不成正比、大学生就业率的逐渐偏低走势、全球经济整体化波及而来的金融危机致使供大于求的低迷的人才市场……越来越多的人开始理性看待高考，选择了放弃"挤独木桥"。重庆弃考的高三学生中，相当多的学生来自农村，而弃考的原因各不相同，有的学生因成绩差而转为接受职业教育，有的学生是做好了出国读大学的打算，还有一部分学生则是因为选择不到自己想学的大学专业而不愿高考。但高考弃考，不是高等教育的失败，也不是高考制度的失败，更不是对"知识改变命运"的嘲讽。从客观上来讲，20 世纪 80 年代刚从大学出来的我们和现在的大学毕业生相比，现在的大学毕业生在知识结构方面更完备，在综合能力方面更完善。这几年，大学毕业生进我校当老师就会经过严格的层层选拔，连一些骨干教师都感慨："如果我们以当年的水平参加如今的工作应聘，很可能会被淘汰出局。"这说明三十年的教育在不断发展。《高考1977》具有其历史的意义，高考制度的恢复，沸腾了多少有志青年的热血。1977年的高考预示着中国社会走向了更加公平、更加公正的道路。

到2019年，高考经过了四十二年，一些学校教育的重心越来越趋向于单纯的高考、中考应试，功利化带来的滚雪球效应，使这些学校对迅速提高高考分数的"金钥匙"或"核按钮"趋之若鹜。在许多高考生眼里，老师是造分工人，自己就是一台造分机。知识成了大学的一块敲门砖。如果眼睛只盯着高考分数来搞教育，那必然会形成学习的异化。那种异化的学习绝对是不快乐的，更没有理想与激情。学生学习成绩的不尽如人意，往往不是学生不够聪明，而是教师的教育行为或学生的学习行为存在不妥之处。那么，高考难道就没有必要吗？不，高考至今为止仍然是一个无法用更好的方法取代的较为公正的人才选拔制度。高考不是我们基础教育工作者的终极目的，我们的目的是让我们的后代拥有更多的学识，从容地选择人生，有尊严地、幸福地活着。知识是人类赖以生生不息的血脉！

教过周显欣物理的龙泽高老师对电影有特别的感触，他参加了1977年的高考，在1978年圆了他的大学梦。学校一位知青教师看完电影后，眼里噙满泪水，长时间一言不发，电影中的故事勾起了她无法忘怀的记忆。学校一位曾当过八年知青的女教师，在得知邓小平去世的消息后，当众失声痛哭，她对周围的年轻人说，如果没有邓小平推行的恢复高考制度，作为地主女儿的她就会永远待在偏僻的山沟里，不可能走上教书育人的讲台。这三位知青教师都一直保持着旺盛生命力和强烈事业心的骨干教师。我从他们身上感受到了那一代人的坚韧不拔与顽强不屈。

由于我校是一所升学预备型学校，绝大多数高中生都希望参加高考。在高考来临的日子里，我校决定组织近三千名毕业生观看充满理想与激情的《高考1977》。在电影院，学生们的心灵受到了强烈的震撼，他们哭了，他们震惊了，他们对自己追寻的人生目标重新进行了定位。祖辈们、父辈们对命运的抗争与不屈给了他们战胜困难的巨大勇气和力量！看完电影后，很多学生都有了很大的进步，老师们纷纷说："优秀的电影真的是人类的精神食粮！"

二、关系人人：人的社会属性

校长姓"教"

一位朋友发来短信："今天开校长办公会，校长要推我参加市里十大杰出青年的评选，你看怎么办？"我回复："这种事只要不刻意追求就是了，顺其自然吧，评上了对你和学校均有好处。"这位非常优秀的教育工作者对我说："听你一席话，我有些释然了。有一次校长让我报高级职称，我怕影响一线教师的情绪，坚决不同意。但最后拗不过校长，他单独又要了一个名额给我。"其实，我也有类似的经历，并且对老校长一直怀着一份感恩之情。遇到能够赏识自己的领导是一生的幸运。

对于教师来说，有可能做了很多的工作但领导不一定知晓，做出了很多成绩领导不一定都能关注到。此时，抱怨领导、抱怨同事，埋怨天、埋怨地，又有什么用？细细去想，教师的工作难道仅仅是为了得到领导的认可吗？教师对教育职业的定位，有三种境界：第一种是谋生的手段；第二种是为了事业；第三种则是享受事业，为了理想。如果把教育当成谋生的职业，那就会更多地去追求校长的关注度和物质、精神方面的嘉奖。客观地说，只有学生和家长才最有资格评价教师的工作态度和成绩。教师如果在学生和家长群中具有极高的支持率，那他迟早会得到领导的赏识，也会得到更多评先和晋升的机会。

《开心词典》不开心？

2006年暑假，我看了一期中央电视台的《开心词典》，那一期是几对双胞胎参加比赛。有两对双胞胎的表现给观众带来非常强烈的反差。

一对双胞胎姐妹，妹妹先过关，进入答题阶段时，主持人问她："如果答题获了奖，奖品会送给谁？"妹妹说："奖品送给家人，就是我的爸爸妈妈，但是姐姐要除外。"主持人问："为什么？"妹妹回答："她说要自己争取。"妹妹选的奖品都是一些可爱的小东西，但是她很开心。

一对双胞胎兄弟，哥哥先答题，弟弟在后来才过关晋级。弟弟一上来就对主持人口吐心中的恶气："气死我了！如果今天我没晋级，我将在家揍哥哥一顿或揍自己一顿!"他选的奖品都是大件,恨不得参加一次这样的比赛就将所有的奖品搬回家。那一天,他也并不是很开心。

这两个孩子拥有两种不同的心态。一个把参加比赛看作一场轻松游戏,一个就有过多的功利心,把一场简单的娱乐游戏看得如此沉重,还在那里计较得失,怎一个累字了得!

那位小弟弟把本应简单的事情复杂化了,自然会流露出不太讨人喜欢的表情。反思学校的教育,有没有让学生简单变复杂的教育呢?有!过分强调学生之间的比较,过分看重物质刺激,评价过分功利化。例如,学生评奖,更多的应是精神的激励,但我们更多的是奖品的价位,所以,学生获奖必须有越来越强烈的物质刺激。由此而来,出现我一位朋友所说的"高分学生认为别人对自己的捐助理所当然""高考考了高分,反过来主动向母校伸手要奖金"的现象。学校教育,知识的传授是重要的,但更重要的是培养学生正确的价值取向。把人培养成"人"乃学校教育的最高境界。

教孩子说真话

当老师,我想教孩子说真话。

老子说:"人法地,地法天,天法道,道法自然。"你的语言可以华彩溢彰,也可以质朴无华,但都是你自己的语系,是自然流淌出来的,而不是硬性挤出来的。写作也是做人,写作中也有教育。其实不只是写作,做任何事情,都要追求真实自然,只有这样,教育才算回归到了它的本位,才算靠近了"知良知"的境界。

唯有发自内心的语言才是自然生动的、最美的语言。我们追求的美的教育就是真教育,就是要从教孩子们说真话开始。校长和老师们要走近孩子,走进孩子的心灵,和他们呼吸在一起,和他们一起生动地活着,一起成长。有人说我看起来挺年轻、挺潮、挺时尚,这其实是因为我始终和孩子们在一起。老师因孩子们而青春,校园因师生们才春意盎然。虽然我的工作量很大,平均一天睡眠时间只有 6 小时,但因为自己做了最喜欢的事业,做人行事听从内心的召唤,复杂事情简单做,像孩子一样用清亮的眼睛看待我们的世界,永远有活力、有激情。

教师的权威不在于声色俱厉,而在于人格的高尚与智慧的丰盈。同理,校长的话语权不在于其有多大的权力,而在于其与师生心灵相系的人格风范。教师与学生是不可欺的,他们个个有着一双识别真伪的"火眼金睛"。那些言行不一者，那些对师生不真诚的校长，师生心里明明白白。所以，看一个人的优劣，不但要听其口头语言，看其书面语言，更要观其行为语言。孔子为什么主张"君子欲讷于言而敏于行"，就是高度重视了行为语言的意义与价值。校长的行为语言更为重要，因为它不仅能彰显其人格的高下，还会在学校里形成一种辐射力量，就如同《大学》说的那样："君子有诸己而后求诸人，无诸己而后非诸人。所藏乎身不恕，而能喻诸人者，未之有也。"

当校长，我想保持教师心态。

无论是在宁波市第二中学还是在重庆铁路中学，一些学生都亲切地称我为黄老师，比起孩子们叫我校长，我觉得老师这个称呼听起来更亲切。作为学校的校长，日常事务和管理已占据了我的全部时间。起初，一些干部和教师不理解，认为校长是做管理的，没必要给学生上课。但我认为，校长不是官爵位，而是专业的、技术含量高的岗位。学校也从行政管理逐步转为专业化管理，校长应走进课堂，了解学生、一线教师和班主任的学习、工作状态，把握课堂教学脉搏，发现问题、解决问题，以教师的心态来当好一名校长。所以，到了宁波市第二中学，我没有放弃讲台，而是享受着与孩子们、与一线老师互动的状态。孩子们说："以前几乎没有与校长接触过，现在黄老师挤出时间来给我们上课，感觉他离我们特别近，有什么话可以直接告诉他，而且他的课堂生动有趣，让我们一下就记住了很多。"听到这样的评价，我心中多了很多安慰。

当教育者，我想少一些功利，多一份坚守。

其实做了这么多年的校长，我有时候感到越来越困惑，因为理想和现实是有差距的。对于高中学校，大多数人都是只看学校考取了多少重点大学的学生数。当然，高升学率和高质量办学没有本质的矛盾。究竟是要学生的成长还是成绩？在现阶段，必须都得要，否则学校是无法生存的。办学为了两个更好的生存，一个是学生，另一个是校长和教师。如果急功近利只为了我们自己暂时能够生存下去，而去破坏学生能够长久生存的能力，这是不道德的。我时常提醒自己，看远点、再看远一点。在生源争夺战和追求高考一本率的疯狂血拼的环境中，一定得清醒、清醒、再清醒。实际上，追求朴实无华的教育，让教育回归最自然的状态，这是为了我们更好的生存，而且是长久的、幸福的生存，包括我、教师和学生。我深信，每一个毕业生从学校带走的不仅仅是中考或高考分数，这些简单的阿拉伯数字会在他们的人生旅途中逐渐飘散，而种植在他们心田里的是做人行事的善良、智慧、坚毅与执着。

毕业生最能客观评价一所学校。也许他们在校时，会对学校提出很多的意见甚至会有抱怨，但多年后，他们越来越眷恋自己的母校，以母校为荣，并把自己的子女送回母校就读。现在越来越多的毕业生都非常关心母校的教育发展，一直不断地与母校老师取得联系，把母校当成倦鸟的港湾，给学校提建议，甚至帮助学校扩大社会影响力。

孔子说："无欲速，无见小利；欲速则不达，见小利则大事不成。"所以，真正有良知、有责任感的校长，面对急功近利的人，会有很多感慨，甚至会有无奈、无助的感觉，可是，他们最终选择的是坚守。教育的终极目的，不是学习多少知识，掌握多少技能，而是培育健康的人格。正如爱因斯坦说的，无论是教堂还是学校，在它们行使其真正的功能的限度内——都是为了使人变得崇高。

教育需要真诚

我在四川、重庆和浙江三个省市当过重点高中和高级中学的校长，最大的感触是教育是用"情"的工作，需要真诚。2007年，我写过一篇博文《教育因真诚富有诗意》，记录了让我印象深刻的动人故事。

每到重大节日的时候，我总会收到来自全国各地的问候电话或祝福短信，最暖心的莫过于来自毕业多年的学生们的问候。师生之间只有真诚的祝愿，没有一丝一毫的利益驱动和世俗杂念。记得我以前向别人提及，做了二十年的教育工作，真正让我最有成就感的，不是赛课获第一名，也不是学生考试获得高分，更不是当了什么劳模和校长，而是我寻觅之中的豁然开朗：教育因真诚而富有诗意！

2003年6月6日，是我调离内江那所学校的日子。我为高二的学生们上了最后一节课，谁也不敢多看谁一眼。窗外下着绵绵的细雨，潮湿着每一个人的心，别离的愁绪从心房溢出，化为泪光盈盈。最后，我在他们泣声齐唱《祝你一路顺风》的歌声中逃进雨幕。正是因为和孩子们真实而诚恳的相处才会有这种情感的自然流露，这是在我过去的教书生涯里从未体验过的情感。至今，这一幕还常在我脑海里浮现。孩子们的歌声融进我们脸上滑落的泪水里，一滴滴浸入彼此的心扉。我相信，多年以后，这种情感一定会酿成醇醇的美酒，蕴藏心底，香甜一生。虽然我教的是学困生多的班级，但并没影响学生在我课上表现出青春年少的自信和激情。因为他们每一个人都感受到了在老师心中他们都是有潜质的好孩子，是老师正在开发挖掘的宝藏。我始终明白，只有充满希望的教育才能培育出明天的希望，教育富有醉人的诗意。

过去当教师时，我自认为自己做得还不错，但当了学校管理者再去做教师时，我感觉不一样了，会更加理性。做教育的，真的懂教育吗？不尽然。至今我因为自身的教育观念和个人的综合素质问题，还不能说完全懂教育。但我知道，教育需要真诚！

一位优秀的校长应该具备多种素质。一是"高瞻远瞩"的领航力。校长必须具有办学的远见，能从错综复杂的教育现象中看出本质与规律，对学校办学和特色建设进行切实可行的定位。二是"世事洞明"的观察力。校长要深层次地熟悉学校的过去和现状，关注育人的细节，在处理学校发生的各种矛盾时，善于抓住主要矛盾，建立全方位的思维方式。三是"博采众长"的整体协调力。校长要善于发现每位教师的优长，为教师专业的特色发展搭建平台，美人之美，美美与共，和谐发展，群星灿烂。四是"身体力行"的执行力。老老实实地做教育，安安静静地办学校，朴朴素素地做教师。把教育史上的经典理论成果实践于现实生活中需要勇气和定力，知行合一比教育创新更难，更令人叹服。五是"激情万丈"的感召力。立德、立功，还得立言，校长有自己的办学思想，还要清楚地表达出来，敢于表达和善于表达。

做校长的这些年，我也遇到过十分棘手的事情。在重庆铁路中学做校长时棘手的事是招生，在激烈的招生大战中如何成功突围，是一大难题。以校长之力是根本无法解决这个问题的，它需要上级有关部门下重拳整顿招生秩序，对学校办学进行科学引领和对学校办学水平进行客观公正的评价。在宁波市第二中学遇到的棘手的事情是怎样尽快从被别人怀疑、观望的眼光中走出来，取得当地教育人的认可。作为第一位从重庆去宁波当高中名校的校长，当时我承受的压力很大，因为两地的办学文化和思路不一样，甚至还有观念上的冲突。

宁波市第二中学具有千年讲学史和百年办学史，这所学校具有厚重的文化积淀和辉煌的历史。作为校长，理应肩负起办好学校的文化使命和历史责任。能在这所百年名校工作的干部和教师，也不是等闲之辈。他们对校长的要求特别高，一方面，我必须走近他们，与他们第一次见面就能叫出每一位教师的姓名，并且我还发挥摄影特长，为每一位教师在美丽的校园拍摄风采照，展现他们的精气神和美的形象；另一方面，我必须走进他们，引入新颖的教育形式，在学科教学和办学管理上有说服力的展现，让他们不是因为我是校长，在表面上尊敬我，而是因为我是学校教育教学的引领者，是一名学者，而愿意追随我，在办一所中国好学校的路上与我携手同行。在这个团队中，反对者、怀疑者，后来都成了我工作中的好伙伴、生活中的好朋友。在我工作不如意时，他们经常给我做工作，开导我。

从业 33 年来，我认为最有成就感的事情不是学校的升学率上升了多少个百分点，不是个人获得了全国劳动模范和特级教师的称号，而是经过多年的办学，师生的眼神灵动起来了，他们处在一个平和而健康的工作与学习环境中。最近，很多教育考察团来到宁波市第二中学，他们非常羡慕这里师生的生命状态，脚步轻轻，话语柔柔，温文尔雅，脸上露出暖意，面对高考不急不躁。即使是学生第二天参加高考，校园里依旧宁静和整洁，没有一丝的躁动与不安。他们说："这就是心目中理想的学校。"

教育和弦美如画

当地政治商业中心新建了一大片步行区，里面有一个文化广场，那里经常人头攒动。那为何不在这里的文化广场上组织本校的专场文艺晚会，展示一下学校的办学特色和成绩呢？学校专场演出，不只展示了全校师生的魅力与风采，更重要的是向社会展现学校办学思想变化的轨迹：从教师与学生独立节目的展演到师生共同合作完成同一个节目，从校长推出优秀教师群体到推出优秀师生群体，从领导上台发表祝词到校友对校园生活的回顾和家长对孩子未来的期盼，从你演我看到舞台上下的呼应与互动……应该说，学校春天系列专场文艺晚会弹奏了一曲曲教育的美妙和弦。

我们在学生教育中往往使用"水到渠成"之类的话，深层次去思考这意味着什么？"水"只能朝一个方向流动，意味着教育就是"教师教、学生学"，意味着师生间的一种单项信息的传递。学校教育是师生间道德和知识的相互影响，是心灵的双向交流，是师生的共同成长。我反对教师只把班会课和办公室里的谈心当成学校德育。德育是一种文化的浸润，渗透于师生生活的细节中，在师生共同的活动中，不经意间可能就完成了某一项教育任务。师生共同去完成同一个节目，让教师走下讲台，让教师走近学生，走进学生的心灵，师生从此会生动起来。我时常说："老师因为孩子们而青春，校园因为师生们而春意盎然。"因此，文艺晚会上师生共同参演的节目应尽可能多，无论是歌唱、舞蹈还是健美操。

"走进学校，你是幸福和快乐的；走出学校，你是充实和自信的！"这是我们在新学年向新生喊出的一句口号。"幸福和快乐"是学生在未来时段里自己的感受，"充实和自信"则是教师三年为之奋斗的工作目标。学校生活犹如一杯酸酸甜甜的什锦果汁，急着喝下去，只能解解渴。静置一段时间，就会看见水上层澄清而透亮，然后，慢慢喝下去，味道由淡到浓，韵味无穷。离开母校越久就越能更加客观地、理性地评价学校的教育。因为，学校教育的影响是置后的，这种影响随着时间的推移会越来越体现在校友们自身的素质和能力上。校友离开学校带走的是什么？不仅是知识，还有"人之所以为人"的玄奥。校友最能够发现学校的办学问题，校友资源是学校发展的一笔不可估量的无形资产。办学不管是到山穷水尽时，还是无限风光时，找谁更能提出最具实践操作性、最具价值的建议？当然是教育专家。但是，千万别忘了还有对母校依旧牵挂的校友们。

学校的素质教育，不可缺少亲情教育。记住家庭成员的生日、喜好等，这是与亲人相处的必修课。如何与父母、兄弟姐妹相处，如何化解家庭矛盾，如何向家庭成员正确表达自己的各种情绪等，是教师教给学生的成长课程。

学校的具体工作目标是不断追求家长和学生的满意度，办学大到为国家服务，小到为家长服务、为学生服务——为学生奠定终身幸福的品性和学力的基础服务。我们虽然把家长和学生视为"衣食父母"，但对他们的服务绝不是非理性的服从与迁就。

我曾经和一位大学同学聊天，谈到在学校中或多或少存在着这样的现象——学生在学业或其他方面不理想时，一些教师总是抱怨本人尽心尽职而没有得到应有的回报。那位老同学说："老师究竟给了学生什么？是学生需要的吗？是适合学生的吗？"显然，这些教师的立场有问题。他们只从自己的角度去思考要做什么，并没有考虑如何满足学生的合理需求。我们按照自己意愿盲目地做了一些家长和学生并不需要的事，或者根本就没有顾及他们的感受和需要做了一些毫无意义的事。虽然学校有学生会和家长会，我们又有多少时间能够认真倾听他们的意见而为他们做一些实事，解决一些问题？有时，我们片面地认为学生和家长就是需要分，给他们高分吧，他们会感激我们的。但是，为什么学生和家长对学校的感激度和怀念度并不与分数成正比？教师站在学生和家长的对立面做他们的对手，教师和他们站在一起让他们成为教师的工作伙伴和助手，这是两种不同的教育观。不同的思想必然外显出不同的工作方法和教育形式。融洽亲子关系，融洽教师与家长、学生的关系，实际上是一种高品位的办学，是一种真正意义上的教育服务。

一场晚会"我演你看"的模式已成为我们的思维定势，犹如在课堂上，一些教师几十分钟就是在不停地说、不停地"灌"。师生间没有互动，教师有时根本不走下讲台，不采取任何方式、方法及时了解学情，只是机械地、毫无创造性地在"劳作"。虽然有的教师讲话声如洪钟，有的上课绘声绘色极富表演性，有的写得一手漂亮的好字、说得一口标准的普通话，有的展示出精美的课件，然而，学生的眼神是散的，学生毫无激情，整节课看不见思维碰撞的火花。现在，应该对一堂好课有一个全新的认识。好课是一堂真实生动又平实的课。评价一堂好课，不在于教师讲了多少，教师表现得怎样，而在于学生真正收获了多少，学生有多少实在的提高。因此，我赞同听课叫"观课"，观看师生的活动，观看师生的互动。当然，我反对形而上学，好课不是表面上的热热闹闹，不是外在形式的花样翻新。好课强调更多人的参与，强调对所有人生命的一种尊重！

学校是一所升学预备型重点高中，艺术、体育教育则是本校一大办学亮点。艺术教育主要表现在歌舞和美术方面。在本区中学生艺术节上，学校的节目连年大放异彩，参加市级展演也会取得不错的成绩，甚至还获得过本市青少年合唱比赛的第一名。一次，全市有三名学生的绘画作品荣获全国一等奖，我校就有两名。体育活动方面，学校主要在游泳、乒乓球和健美操三个项目上在本市中学生比赛中处于绝对的"霸主"地位。究其原因，有两个方面。一方面，学校历来重视艺术、体育活动。另一方面，学校艺术、体育的师资雄厚。学校近年来聘请了社区内高水平的专家作为本校的荣誉教师，有原亚运会冠军曾经的亚洲纪录保持者，有原省级运动队教练，有获全国专业级比赛金奖的艺术家……高水平的教师怎么会带不出高水平的队伍？师高弟子强。这是学校整合和利用社会优质资源开放式办学，提高办学层次的成功范例。"借力"不乏是当今学校经营的一个有效手段。

三、符号人人：人的文化属性

文盲与半文盲

一次去东北一所名校考察，校长很优雅，着装发饰很考究，言谈举止散发着淡淡的书香。她是一位追求完美的精致女性。所以，这所学校的楼道里，消防栓门做成了一面面镜子，年轻教师见到老教师会微微鞠躬问好，就连每一间厕所顶上的管道，都被塑料的藤蔓和绿叶缠绕，从厕所门经过，居然闻不到异味，全校的地上寻不到一个烟头，师生们一年四季满眼都是鲜花。这些细节让我心中充满了对这所名校的景仰。

本市一所技工学校，没有门卫、没有围墙，任何时候去参观这所简陋的学校，都不会看见地上有一片纸屑。每个学生都很有礼貌地主动向行人问好，这里的教师很少，很多活动都是学生自己组织的。学生寝室的门成天开着，被子叠得四棱上线。每一张露天餐桌上都整齐地摆放着一块叠成四方块的抹布，几个学生谁最后吃完饭，谁就负责收拾桌上的残渣并做清洁，然后把抹布洗干净又一次摆放好。师生用完厕所会端水自己冲洗。食堂打饭没有收餐票这一环节，全是学生自觉地把餐票投进窗口外的票篮里并自己找补！我们惊呼这是一个教育奇迹。

细节决定成败，细节展现文化。没有人文气质的学校，不可能有深刻的内涵。超然洒脱的摄影大师吴久灵先生最近到我校拍照，跟我说过这样一句话："学校是知识富集的地方，一定要有文化。校园文化蕴含学校的精神和特色，学校要有文化精神，教师要有文化气质，学生要有文化个性。没有文化的学校就如同文盲，没有办学的根基。"

自残

我观看过《滚滚红尘——中国知青民间记忆纪实》纪录片，这部纪录片辗转云南、四川、重庆和上海，把观众带到了那个充满激情的年代，让最具有代表性的知青讲述亲身经历，回忆那段岁月到底留给了他们什么。那是一笔财富。由于做教育这一行，我对其中与教育有关的故事特别敏感。一位高级知识分子回首当年考大学的经历，令人潸然泪下。在云南支边时，他听到恢复高考的消息后，下决心用知识来改变命运。当时离高考只有四十多天的时间，白天又必须出工，根本不能请假，除非工伤，只有工伤才能在室内休息养病。为了争取读书时间，他请求朋友在劳动时故意砍他一刀，这样他就可以受伤，就可以请工伤假备战高考了。朋友这样做了，他的腿上流着鲜血，眼里满是对朋友的感激。这是用血的代价换来的读书时间！

看完纪录片的第二天，我碰见一位住在学校大院的教师。她说，她的弟弟经常出差，准备把侄女叫到她家里居住，以便她看管侄女学习。她本来已经为侄女准备好了一切，但哪里知道一见面侄女就把腿伸给她看，称自己跌倒受伤了，不能住在姑姑家里。伤口整整齐齐的，这分明是自己故意弄伤以达到不学习的目的！教师气愤之极。

同样是"血的代价"，目的却截然相反。这是一种悲哀！

祖辈年代，为了学习选择流血。而现阶段又是什么因素造成为了学习而流血呢？现在的物质条件越来越优越了，可人们的精神却越来越匮乏了。现在的很多孩子都喜欢看电视、看卡通书、玩各种电子游戏，不喜欢动脑子思考，喜欢那种有强烈视觉和听觉效果的文化快餐。我做过一项调查，调查结果表明很多学生没有看书、看报的习惯，因为他们根本没有时间。学生中很大一部分人并没有把学习当成一件快乐的事情。在他们眼中，学习就意味着分数的残酷比较、意味着做不完的书山题海、意味着捐资助学费的多与少。在"文化大革命"时期学习被视为渴望，而今天学习对一些学生来说则望而生畏！我们无法忘怀在"文化大革命"那段日子里，知识青年们付出的努力。如今，这些知识青年的后代成了我们的学生，我们不能再让他们的后代因我们的错误教育行为，经历另一种苦难！

心平气和办教育

一次，参加区教委创建文明单位工作会。我非常赞同一位年轻校长的发言，她的一个观点是"心平气和办教育"。

会议中途，我和她有过短暂交流，她下定决心要沿着自己认定的教育道路走下去。不管风吹雨打，胜似闲庭信步。最近，该校的语文学科教师赛课很不理想，但她并没有责怪教师，而是鼓励教师继续探索教改之路。她的学校有自己的校园主题文化，并且充分尊重每一位学生和教师，挖掘每一位学生和教师的潜能，让每一个人都有位置感和成功感，形成了追求师生全面和谐发展的人文格局。学校的任何细节都是精致的，这就反映了该校极高的文化品位。

女校长办学有她的思维优势——心思细腻，特别是小学，发挥的空间就更大。中学校长如何在背负升学压力的同时，淡泊而平和地经营学校？升学率是每一所中学的生命线，全国的每一所中学都在追求升学率，只不过有的用了笨办法吃力不讨好，有的则把教育的艺术发挥到了极致，用的是巧办法。我参加过上海华东师范大学的一个培训班，那时各地校长在一起讨论，大家最感兴趣的莫过于交流提高升学率的锦囊妙计。凡是升学率极高的校长都声称他们的成绩自有高明之处。

只有做到安如止水、处变不惊、敢于取舍，学校才能按照自己的办学理念去打造特色。这样的学校才是真正意义上的教育圣地。

办有人的教育

2009 年，我所在的重庆铁路中学有两件事登上了央视新闻频道。一是男教师跳长裙舞，让临近大考的学生乐翻了天。教师精心献给学生的减压盛宴，让主持人感慨不已。他说："有这么贴心的老师，是孩子们的福气！"二是女教师迟到自罚 100 个下蹲，央视以"守信表率"为题，给予正面评论："为人师表，言传身教，我们经常会用这样的标准来要求我们的老师。最近重庆铁路中学的一位高中老师的确这么做了。"这两则新闻，引起了网上的热议。在不经意间，学校发生的事竟然一时成为全国教育新闻的热点。我们认为，有效的直抵学生心灵的教育就是好教育。教育也需要思想和行为的创新。我们在思考："为什么会引发社会的关注？为什么有正反两方面针锋相对的评论？"就拿后一件事来说，担任团队心理辅导的女教师事先和学生有一个约定，上她的课迟到和不交作业将"受罚"。而那天，她故意不带作业进教室，准备挨罚 50 个下蹲，谁知道自己因某种原因上课迟到了，但还是咬牙做完 100 个下蹲，她那天的上课内容正是"诚信"。撇开"这样的处罚约定"是否得当的讨论，这堂心理辅导课恰好是一堂让学生终生难忘的生动之课。我们从这两则新闻中能解读到什么呢？师生的平等、教育方法的多元、民主、对人的尊重……真正的教育是以人为本的教育，人的发展是最根本的，人是教育的原点。学校特色的创建如何回归教育的原点？学校的办学特色，正是围绕着以人为本的核心，体现了教育的生命化和多元化，这是基于学校长期的历史自然积淀和对教育理想的坚守。

学校办学特色的形成是长期从外围走向核心的过程，而且一直在进一步内化。不重视内化，一味地去贴标签，一味地向外展示那些热热闹闹的活动，这是借"办学特色"之名行"急功近利"之实。当学校独特的办学思想真正深入整个学校的肌体内，深入每一位师生的骨髓时，这所学校独具特色的魅力才会真正释放出来。

星光教育办学特色的建设是一个整体工程，需要许多支撑点。比如，教育评价、学校管理、课堂教学……课堂教学是最能体现学校办学特色的地方。如何打造我校自己的星光课堂？我们给出了五个维度：生本、民主、互动、情趣和高效。

学校在鼓励集体合作与交流的同时，提倡教师教学风格的多样化，追求多元的教学思维和策略。我们让每位教师寻找自身的智能优势，总结提炼富有个性的教育思想和方法，编辑成《"群星灿烂"之教师篇》一书，邀请专家为其指导，固化教师的教育特色。当然，提倡教学的多元化，不是指教师教学工作的随心所欲和自由散漫。东庐中学的"讲学稿"，杜郎口中学的"小组展示"，洋思中学的"兵教兵"，广东的"生本教育"等，我们都派教师去学，适合自己学生的教学方法就是最好的方法。课堂改革和教学设计以发展学生为最终归宿，学校可以没有固定的教学模式，教师教法可以不单一，课堂结构可以不统一，课堂组织形式可以不一样。

"百生讲坛"作为课堂教学的有效拓展，学生可以通过申请给广大师生上课；开讲者可以谈任何话题，可以展示自己的爱好特长，介绍自己的创造发明和独到的思想与观念，甚至可以克隆教师的一堂课，或者自己创新讲课模式。一位音乐爱好者讲"音乐元素"，虽然他是第一次登台讲课，但其对课堂各环节的设计可谓独具匠心，让教师深感佩服。他邀请小乐队为他助阵演出，邀请同学在台下演奏乐器进行台上、台下的互动。学生的"百生讲坛"不是精品课堂，但一定是极品课堂，一种受所有学生和老师欢迎和关注的课堂。教师也在学生的课堂上受到启发，从而对教育有了新的顿悟。

学生按自然规律成长，教师必须以人为本，尊重人、培养人、发展人。办学要办有"人"的学校，我校的"星光教育"正在试图回归教育的原点，让教育回到最自然的状态。

创一所有内涵的学校

一所优质的学校，需要完善的教学资源去树立品牌，需要拓展内涵发展的空间去提高美誉度。什么是内涵发展呢？我认为内涵发展是学校内在结构的发展，包括四个方面：一是学生拥有最大限度的发展程度，通过设置更加完善的课程体系和丰富多彩的学校生活来拓宽教育空间；二是教师拥有最大限度的发展空间，学校越民主、开明、公正、规范，教师的专业发展空间就越大；三是师生对学校生活和学习有较高的满意度与幸福度，对整个学校的认同度高；四是新的教育行为固化的速度快，管理层的示范作用与文化的引领作用好，规章制度的认可度高与教职工的执行力度强。

教学资源的完备是学校内涵发展的基础之一。学校的建设不需要富丽豪华、金碧辉煌，只要简约实用、功能齐全，设施设备利用率高，有浓郁的书香气息和深厚的文化艺术氛围，就是一个绿色的生态环境。

来到有千年底蕴的宁波市第二中学后，作为校长，我对学校建设的认识再次得到升华。学校内涵不仅体现在校园建设之中，更体现在学校所承载的文化底蕴在学校每个角落的渗透和传承中。"智者乐水，仁者乐山。"再美的事物若没有了人文的映照也会索然无味。宁波市第二中学正是点亮月湖的文脉传承。一千年前，王安石居官鄞县县令，择竹洲讲学，一时雅士云集，墨客纷至。竹洲，这乍听就让人感到君子衣带之风拂面的名字，便成了浙东文化学术中心的代名词。从此，无数的文化名流及多所书院在此起落延续。天一阁眺水而起，历经沧桑，历史的影子始终闪耀着中国文人文化良知的光亮。1912 年，这里正式创办了现代意义的学校——女子师范学校。回望百年前那些如水的江南女子，在湖中的学堂借着月影书写着整饬的方块字，琅琅的书声在波光粼粼的湖面荡漾开来，湖与人，都变得更为沉静和秀美。

一湖水，涵养了人的品性，而一群人，更是将精魂赋予了月湖。这月湖的精魂，便是一以贯之，从未断续的文脉。如今，站在水一侧的，便是二中人。有人说，这所学校是中国最风雅的学堂，我深以为然。学校的竹洲校区在湖中，四面环水；松苑校区在湖畔，隔岸呼应。民国时期女子中学的牌坊，风骨傲然；沙朴树和银杏树苍劲沉稳，在四季轮回中述说着生命的张力；挂在古树上的学堂大钟，无声噌吰，穿越时光的光影连绵不息。那白墙青砖、虬松修竹、回廊雅舍，在碧水清波中静静地弥漫出馥郁典雅的书香之气。这种风雅更体现在二中人骨子里散发出来的优雅与从容。走进二中，我发现这里的人总是很谦和、安静与内敛。没有夸张的服饰，没有吵闹喧哗，总是微笑着，总是娓娓道来，江南人的温婉与灵秀，在这里尽显无遗。二中最漂亮的应该是孩子们的眼睛，像极了身旁的月湖，轻易地便可以让你感受到世间的至美。

然而，水一样的眼睛未必只有柔性。优雅不只是一种姿态，更是一种风骨。曾经有一位高三学生找到我，问我怎么赔偿公物。原来他在教学楼阳台上把遮阳伞撑了起来，放学忘记了收。当天夜里刮大风，吹落了伞，砸裂了一块花岗石。我被这个面带稚嫩的孩子深深震撼了，这种源于自觉的诚实、公德和担当，不正是至柔至刚的君子风度吗？

千年的文脉还在师生如水的默契里。在这里，不会有剑拔弩张和恶语相向的师生关系。老师们笑脸盈盈地迎接学生，和风细雨地与学生交流沟通。新学期开学典礼上，教师和学生会张开双臂，相互拥抱，恰到好处地打破了师生之间的拘谨和矜持，让温暖与爱在师生心中流淌与传递。师如水无处不在，生如鱼舒畅自由。二中的老师坚信教育应如水：因势随形，蓄积涵养，方能成就无往不胜的生命力量。教师着力培养学生的学习兴趣和良好习惯，坚信"学力"比学历更加重要。如此，二中循着华夏文脉渐渐走出了自己的可能性——办一所与众不同的文化型、智慧型的学术高中。

第二章

让人性光芒照亮学校每个角落

向往一所学校，不是向往它拥有的高楼大厦，也不是向往它优质的生源，而是向往它作为学校原本应该拥有的东西——核心价值文化。同样的道理，学校的成长虽然也需要高楼，也需要优质的生源，但真正使学校像一所学校的，仍然是学校最为本质的东西——用与文化相适应的方法去吸收与传承文化。学校文化建设是一项整体工程，需要我们沉下心来，心平气和地关注办学的每一个细节，关注师生的共同成长。

一、人的会聚方成校之生趣

学校管理以人为本

不管是教师还是学生，不管他们在工作中还是在生活中，都需要有足够的幸福元素来丰富自己的人生。学校管理除了要协调与规范师生员工的工作与学习之外，还需要为他们营造工作与生活过程中的幸福元素。让他们能从学校生活中捕捉到更多的人生幸福，也让他们能够用工作与生活中的幸福元素来提高自己的工作与生活质量。

尊重人性是学校管理的起点。学校管理如果一味强调"从严治校、依法治校"，过分刚性化，失之温情，则很难激发教师的主观幸福感及工作热情，更难调动教师为学校永续发展自我奉献的积极性。因此，学校的管理者应该刚柔相济，重视人性化管理——尊重、信任教师，是学校人性化管理的基石；注重情感沟通，是学校人性化管理的关键；激励赏识教师，是学校人性化管理的保证；积淀文化底蕴，是学校人性化管理的核心。

现代学校的管理，固然不能缺少各种规章制度，但也绝不可产生"制度崇拜""制度主义"。因为管理的核心是管"人"，人是具有主观能动性的，如果把具有思想、情趣、个性的人当作一般的"物"，"见物不见人"过分强调制度的严格，势必会窒息人的创造欲，出现人际关系紧张、气氛压抑的局面，因此，管理的关键在于"深入到位"。所谓"深入"，就是"深入人心""契合人性"，代表广大教师的根本利益；所谓"到位"，就是激发教师，由推动为调动，由被动为主动，由他律为自律，从而达到无为管理的最高境界。

信任教师是学校人性化管理的基石。对教师实施人性化管理必须研究和掌握教师的心理特点。马斯洛的需要层次理论认为，人在实现自己价值方面的努力是有层次的，一般是由低到高依次为生理需要、安全需要、社交需要、尊重需要、自我实现需要。对某种需要越强，受挫就越强。教师的自尊心一般较强，希望得到尊重和理解。如果教师的工作能及时得到领导的尊重和肯定，领导不仅表现出对工作的关心，更表现出对人的关心，那么有了这种感情移入，就能增强教师对学校的向心力。因此，学校管理者首先要尊重教师的人格，树立管理就是服务的理念，将自己置于和教师完全平等的位置上，对教师进行柔性化的、具有人情味的管理，在工作部署上要讲出此项工作的重要性，让教师去理解，使教师内心有认同感。认同，毫无疑问地提供了团结的纽带，加强了集体的向心力、凝聚力，培植了个体对于集体的内心忠诚，降低了集体内部成员之间交流、沟通并达成共同愿景的成本。在工作进度的检查中，也要注意方法，从关心的角度用"工作完成得怎么样了，是否还有什么困难""还需要学校做什么吗"等方式去检查教师工作完成的情况，绝不能讽刺、挖苦或训斥。在总结工作成绩时，要多看优点，并大力表扬宣传，对于缺点和不足要说现象，背后指出，绝不能当众点名批评，即所说的"喇叭播优点""电话讲缺点"，即使教师没完成工作甚至做错了，也要给予理解，帮助其找出错误的原因，耐心给予指导。尊重教师就要尊重教师的主人翁地位，给教师提供更多参与学校管理的机会，让他们对学校的管理拥有更大的发言权。尊重教师就是尊重教师的创造精神，鼓励、支持教师的教育创新，尊重教师的自我完善要求。尊重和信任教师就是相信每一位教师都有着基本的职业道德，都有着对学生成长的责任感，都有着个人成长、事业发展的精神需求。教师的劳动往往带有很强的个体、个性特征，因此尊重和信任教师就要给予教师思考、研究和实践的空间和自由。

实践证明，只有当教师的自尊得到重视，教师的劳动得到肯定，教师能以主人的资格参与学校管理时，教师的情感投入才能被激发，其主体意识才能被唤起。"士为知己者死"某种程度上就体现了尊重、相互信任的心理力量。

情感沟通是学校人性化管理的关键。管理问题在很大程度上就是沟通问题，管理必须通过沟通才能实现。绝大多数的管理问题实际上是沟通不畅所致。合理有效的沟通能增强相互之间的理解，使人与人之间的感情更加深厚，关系更加和谐。学校领导的工作思路，学校当前面临的矛盾和问题，领导想做什么、做了什么、为什么这么做，要适时地通过各种渠道让教师了解，才能得到教师的理解和支持。教师想什么，需要什么，工作生活有什么困难，对学校的管理措施有什么意见，学校领导要及时地去听取，主动地去收集分析。对教师在生活、工作中遇到的困难和问题要雪中送炭暖人心；对教师的合理要求，只要条件许可要尽量满足；对工作意见和建议，要注意吸收其精华，及时修订管理措施，改进管理方式方法，不断提高自己的管理水平。

美国著名未来学家约翰·奈斯比特说，未来的竞争将是管理的竞争，竞争的焦点在每个社会组织内部成员之间及其与外部组织的有效沟通上。沟通是一所学校文化健康的标志，没有沟通的学校或沟通不畅的学校，是一所病态的"沙漠化"学校，一个智慧的学校管理者会努力使学校成为教师心灵的家园，会给教职工创造更多的"咖啡时间"，促使教职工之间有更好的情感交流，造就一个学校关心教师，教师支持领导的融洽环境。

赏识教师是学校人性化管理的保障。赏识，对教师而言是一种更高层次的激励。从某种意义上说，学校管理者实施管理行为的过程就应该是激励的过程。有效的激励机制不仅是培养优秀教师的保证，还是实现学校人性化管理的保证。对教师的赏识和激励既要有情感上的，又要有目标上的。当代著名管理大师彼得·圣吉在《第五项修炼》一书中指出，未来成功的组织，将是"学习型组织"，即能够设法使本组织中各级人员全心投入学习的组织。处于知识爆炸的信息时代，对于承担传播人类先进文化和培养社会发展所需人才任务的教师而言，学习显得更为重要。

因此，我们确立"学习让人富有，读书使人高尚"的理念，营造书香校园的文化环境。积极为教师的学习提供服务，创设平台。

厚植文化底蕴是学校人性化管理的核心。学校文化是一种软管理，强调思想观念的现代化，注重对学校文化、心理氛围、人际关系的研究，强调对人的重视，强调管理的"感情投资"，信奉"管理要管人，管人要管心"等。著名学者马尔库塞认为，观念和文化的东西是不能改变世界的，但它可以改变人，而人是可以改变世界的。因此，在学校改革中充满尊重、理解、沟通、信任等人文精神，营造团结、和谐、奉献、进取的工作氛围，建立起宽松、清新、有人情味的校园文化，让学校具有浓重的文化气息，积淀深厚的文化底蕴，这是学校人性化管理理论的最高层次。

学校管理不是改造人，而是唤醒人，唤醒人内心沉睡的巨人；制度不是约束人，而是激励人，激励人精神中潜藏的能量。管理的秘诀是尊重，制度的核心是真爱；只有严格的管理是不完整的管理，是一种脆弱的、不负责任的管理；只有专制的制度不是完善的制度，是一种没有活力的制度、缺乏人性的制度；唯有在信任、了解的基础上，给教师充分的成长空间，用尊重和关爱去唤醒其内心，激发其潜能，才是一种先进的、科学的、人性的、逼近本质意义上的"以人为本"。

高智慧低调

我校成了全区校长的摇篮，上学期送走两位管理干部到两所高中当校长，今年又送一位中干到一所高中任校长助理。在送别晚宴上，他问我刚到一个新环境应该注意什么。我毫不犹豫说出两个字："低调。"

低调不是什么事都不敢做，什么话都不能讲，什么工作都不敢碰硬，那是一种不作为。低调是一种心态，它能给自己更大的发挥空间；低调是一种智慧的沉潜，它能使自己积蓄力量向更高的目标冲刺。

一所学校的发展周期是三至五年。有些新校长一上任，就烧它几把火，把过去学校原有的传统烧掉，美其名曰"破旧立新"。有的公然在教职工大会上贬损前任领导，认为只有自己是最高明的。仅仅只有一年的工作时间，把师生经过多年奋斗取得的辉煌成绩归结为一年成功管理的结果。这不仅是个人人品素质的问题，还是对教育规律缺乏正确认识的一种悲哀。我们不需要在一座废墟上建立学校，我们需要站在前人的肩膀上向上攀登。这是一种高理性的低调。

我见过一些全国一流学校的校长和全国著名校长，通过近距离的接触我发现这些校长都非常低调。通过他们的个人品行我深刻感知到了名校的"以德立校"。他们待人非常谦和得体，处事相当谨慎周全，在不经意间展现出的个人礼仪和每一次的发言讲话中，都表现出深厚的涵养和丰厚的学识。这是一种高情商的低调。

低调，不是没有目标、没有追求。低调，是一种和谐之美、艺术之美。进入新单位，是肉体的一种进入，还是思想的一种进入？前者是一个瞬间，后者是一个过程。这个过程包含着个体与集体思想的包容与相融。为什么这位中干在明天就要去别的学校上任，今天仍然还在值班，还在上课，还在捡起地上的纸飞机？想必这是一所学校"认真做好每一件小事"的团队文化融入他身体后的自然流露。因此，一种思想非要生硬地去迅速改变或替换另一种思想，是一种不切实际的做法，要"随风潜入夜，润物细无声"。中国式的管理体现了中华几千年文化的博大精深，这是一种高智慧的低调。

时间都去哪儿了？

在学校，我们经常看到一些急匆匆的身影。有的学生早早就赶到了学校，而在上课时去补前一天晚上欠下的觉；有的学生一整天坐在图书馆里，却只是在那里坐了一天；有的学生主动参加晚自修，却在教室里戴着耳机玩手机；有的教师加班加点，却在正课时间高谈阔论；有的教师成天步履急促，却在坐下来后花大量的时间在杂乱的办公桌和电脑桌面上寻找资料；有的学校只是不停地给学生喂"心灵鸡汤"、打"鸡血"，并没有静下来去研究有利于学生学习的课时和作息时间安排……看起来好像我们都很努力，但现实的成绩又与我们的理想目标相去甚远。然后，整个学校的师生开始了知不足而奋进，校园出现了更加忙碌的景象：学生的上学时间更长了，作业量和课时量增加了，学生社团活动、选修课等时间缩水了，每天师生们都在书海里争分夺秒地"奋战"。由此，我们进入了一个可怕的怪圈。我们在埋怨现行的教育制度和教育环境的不如意时，是否注意到了自身在时间管理上的漏洞？

时间对任何人都是公平的。孔子曰："逝者如斯夫，不舍昼夜。"庄子曰："人生天地之间，若白驹之过隙，忽然而已。"时间无法开源，时间的供给量是固定不变的；时间不可再生，日月既往，不可复追；时间无法节流，无论愿意还是不愿意，我们都必须消费时间；时间不可取代，任何一项活动都有赖于时间的堆砌。年华似水，任何浪费时间的行为都是在浪费生命。

我们传统意义上的时间管理，侧重于强调利用时间的长短，忽视了时间管理对效率和效能的追求。有的师生并不是不想努力，而是因为根本没有时间管理的意识、能力和技巧。时间管理可以提高办学的效益。效益＝效能×效率×态度。

效能，是做最该做的事，要事第一。为什么我们有时工作杂乱无章？每学期的主要任务是什么？全校每学期的中心工作或重点工作是什么？教师们不一定清楚，校长也不一定会去深入思考或把信息明确地向全校教师传达。有校长每学期在开学例会上总是泛泛而谈："我们本学期的重点工作就是抓质量。"空洞无力，没有明确的任务或目标。计划和目标不明，没有轻重缓急，同样导致办学的低效能。时间管理是一种选择管理，学生和教师都应该学会选择性地做事。我曾看到过一位职员整天特别忙，对同事的请求有求必应，待人态度特别好，不会对别人说"不"字。因此，他的民主测评每次得分都很高。他在做一件事时，别人叫他去处理另一件事，他就急忙跑过去，当还没有做完时，又有人叫他，他又去了。他一直在忙碌，但不知道整天做了什么，效率低下。但他在全校教师心中是勤恳的表率。我们应以重要与紧急两个维度选择做事的先后顺序：重要且紧急的问题立即处理，重要但不紧急的问题优先处理，紧急但不重要的问题最后处理。学校要对师生进行时间管理上的培训，不是因为他们主观上不努力，而是根本没有效能意识。"我没有时间"，其实只是一个借口。时间管理是选择的管理。

效率，是用同样的时间，得到更多的成果。学生的学习，要根据他们的节律安排时间。在精力最充沛时做最费脑子的工作。在体力和脑力处于高峰时间，学习最重要和难度较大的课程，注意了解高强度学习的持续时间。将休息时间安排在精力不济之时，以重新振作。有学校学生的中午自由活动时间，包括午饭时间，总共只有 40 分钟，学生中午得不到休息，吃完饭又开始在教室接受教师的集体辅导，当下午开始上正课时，一些学生纷纷趴在课桌上打瞌睡，这是一种非常严重的恶性循环。但有很多教师对中午的学业辅导冠之以"教师认真负责""对学生学业抓得紧"，这是极不科学的。学校管理者意识不到这一点，就无法提高课堂教与学的质量。在很多学校教务处安排的课表上，也没注意劳逸结合和各门学科特点。甚至有的学校为了照顾个别教师的要求，把音乐课、体育课排在早上第一节，或者整个半天不是音体美就是自习课，这就是学校管理者根本没有效率意识。在学校管理上，我们程序烦琐，没有清晰的授权和分权，校领导做了中干的事，中干做了职员的事，信息沟通不畅，办事绕弯路，从而使大家疲惫不堪、抱怨重重，导致了办学的低效率。办公室文化和教室文化等学校细节，也涉及时间管理的问题。有的教师经常在办公室长时间聊天、接听电话、玩手机，不注重整理办公桌桌面和电脑桌面，成天在找东西，这是无效的时间耗费。如今，泛在化的学习无时不在，充分利用碎片时间学习，也应该成为师生的常态。用一种形式的脑力活动代替另一种形式的活动，是一种有效的休息。在智能化的今天，现代智能工具的使用，为我们大大节约了时间。我校学生使用平板电脑学习，教师进行个性化辅导和个性化作业的推送，学生与教师的信息沟通与互动，大大提高了教学的精准性，提高了学习的效率。智能化工具的使用，是学校时间管理的有效手段。

　　态度，在时间管理方面也是不可缺乏的因素。时间管理是一种自我的管理。有时候，我们心血来潮买了很多书，只不过晒了个朋友圈，书变成了印着字的纸；把认为有用的东西设置成"另存为"，直到硬盘存满都还没看过，资料成为无用的映像。拖延，已成为当今很多人的通病。改变自己的习惯，远离懒惰、远离拖延，需要自我约束。时间管理的对象不是时间，而是每一个使用时间的人，做好自我管理就是管理好时间。

　　时间管理也是一种能量的管理。自我管理是把自身的能量流向最重要、最需要的地方，要明确任务完成的时间期限。加班，不一定是在努力工作，有可能在正常上班时间随心所欲，没有时间概念，从而导致整日筋疲力尽、睡眠不足、精力涣散，进入一种恶性循环的状态。时间是有限资源，而能量是无限的。我们应如何补充能量，让能量流向我们的工作和学习，在有限的时间内，高效完成工作和学习？我们的能量有四大补充的源泉。一是身体，健康的身体产生高能量。人体离不开锻炼和休息。学校的管理一定要有明确的作息时间，而且必须科学安排。我曾遇到一所寄宿学校居然为通宵达旦读书的学生准备自习室，允许学生晚上不睡觉。这是严重牺牲学生健康换取"带血"的高考成绩的案例。二是情绪，积极的情绪能提高学习质量和学习效率。三是思想，集中思想可以加强能量，把时间和精力投入最重要的事上，专心致志，精心、静心、诚心做事，总会天道酬勤。四是斗志，高昂的斗志可以激发能量，把"要你学"转化成"我要学"。学生的体内蕴藏着狮子般的能量，人的潜能是无限的，任何奇迹都可能发生。

二、有人性温度的学校才是真学校

学校发展要有温度

学校发展简单地讲就是学校在原有基础上有所提升。从发展主体看，包含学生发展、教师发展、学校管理者的发展；从内容看，包含硬件发展与软件发展；从方式看，包含外延发展与内涵发展。我们一般在谈学校发展时，总涉及学生的数量、占地面积、高级特级研究员教师数量、升学率、获奖人次等，而这些仅仅指学校的规模发展，是学校的外延发展。内涵发展是一种学校质的内在结构的发展。学校内涵发展才是学校提升品牌，实现教育目标，成为一所真正意义上的名校的唯一途径。

学校的核心竞争力源于持续不断的内涵发展能力，内涵发展能力源于学校健康的组织文化。所谓学校健康的组织文化，就是让师生得到最大程度的发展，以体现学校教育理念为目标，学校全体成员共同营造、自觉追求学校内部组织结构和谐运转的学校特色文化。这种组织文化，实际上就是一种学校的团队精神，一种教职员工达成共识的价值观。它绝非一句空洞的口号、一种理念或目标。组织文化能得到自然的外显。因此，我们不难理解走进一般学校和一所名校感觉会不一样，这就是一种组织文化的影响。

学校组织文化有表层与深层之分。学校的文体活动、校园环境、课程设计等都是表层次的内容，深层次的则是学校师生的价值观、行为方式和态度等。"学校的组织文化是学校生命流动的河床"，有人用这一生动的比喻赞美学校组织文化是毫不为过的。学校的内涵发展必须根植于健康的组织文化。

组织文化有周边文化与核心文化之分。学校的周边文化，即一般文化，这是每一所学校都应具有的，如服务、尽职、诚信、人本等。学校的核心文化，即主体文化，是体现本校特有教育理念的、具有本校特色的文化。在我校，"每一个孩子都能成为好学生，每一位教师都可能成为教育艺术家"这一教育理念已逐渐成为特有的文化，逐渐融入每一位教师的思想和教育行为中。创建组织文化一定要着力打造核心文化。

有了健康的组织文化，教职员工才有一种工作的幸福感与归属感，才能够在工作中享受人生的乐趣。创建健康的组织文化，必须适应现代教育的新形势。在过去，学校更多地强调整体要求，忽视了对生命的尊重和对生活的感受，忽略了人与自然、人与社会、人与自己的内心世界形成和谐的生态关系。现代学校重视个人的需求与成就需要，彰显每一个人的个性和创造才能，以学生和教师得到最大程度的发展作为学校发展的根本利益和目标。因此，我们应该以全新的角度审视我们习以为常的工作方式和行为习惯。学校管理仅仅是行政控制，或者是一种服务吗？非也，实际上，管理的最高境界是开发与创造。全体师生是学校赖以生存与发展的无形资产，是最宝贵的巨大资源。开发这一资源，就是一种高水平的管理。无限相信教师的能力，为教师提供发展的平台、公平的竞争机会是学校管理工作的一个重要出发点。如今，在文化研究中，有人提出了除金钱资本、人力资本之外的第三种资本——社会资本。学校的社会资本是可以衡量的。学校社会资本表现在学生家长对学校的认可度、社会信誉度及在教育和社会中的作用等。学校社会资本的根本就是健康的组织文化。健康的组织文化可塑造教师的良好形象和行为态度，有利于社会资本的积累。因此，管理就是建设健康的组织，管理就是在创造资本。我们不难理解，为什么两位水平相当的教师进入两所不同的学校，几年后，两人的水平就有了很大差距，原因是组织文化不同，影响就不同。管理，实际上是在营造一种健康的组织文化。校长整天只为抓收费、抓升学率而忙碌，那他只是一个庸俗的实用主义者。有的学校还表现为官场文化，人际关系第一，工作能力第二，这势必会影响学校的良好发展。组织文化从某种角度讲是一种影响力。如果教师个人专业能力的提高，对学校有一倍影响的话，那么学校内部工作程序的优化，可能有十倍的影响，而组织结构质的变化，即对组织文化的改造，使之健康发展可能带来百倍的影响。我们从来没听说过，管理层靠吃喝、拉帮结派的方式会搞好行政工作；也从来没有听说过，沉迷于主业之外的事务、弄虚作假、成天只有抱怨、相互间互不信任、互不配合的教师群体会能够收获学生家长良好的口碑。学校内涵的发展，需要合理的改革。改革困难，根本原因是没有良好的组织文化。缺乏良好的组织文化一般有以下几种现象：文化沦于空洞的口号、标签；全体师生员工缺乏共识；没有深层次地改造师生员工的思想，学校规模扩大了，但教育观念未有根本转变；改革受到阻力，领导干部未能坚持不懈，未能用强有力的方式去固化新的健康的行为模式；学校团体组织的内耗，不和谐、不沟通；个人主义、功利主义思潮在学校文化中起主导地位等。

那么，如何衡量学校健康的组织文化呢？我认为主要有以下四个指标。第一，学生拥有最大限度的发展程度。教师是否理解每个学生的发展需要，真正站在学生的角度去观察、思考问题？是否具体了解学生的智商与情商？学校是否为学生提供了多样化的教育服务？是否采取了有效措施鼓励学生的自主发展？学校教育用地面积增大并不能说明学校给学生的发展空间增大了，也不能说明学校的教育空间增大了，最大限度让学生获得发展，增大教育空间的主要途径是课程体系的更加完善和学校生活的丰富多彩。第二，教师拥有最大限度的发展程度。学校是否了解教师的发展需要？是否为教师的发展提供了足够的机会和平台？是否为教师的进步和专业进修创造了条件？是否采取有效措施鼓励教师发展？学校的民主空气越浓，开明程度越高，在评先、晋级等问题上越公平、越公正，行政管理越规范，教师专业发展的空间就越广阔。第三，教师与学生对学校生活和学习有较高的满意度与幸福度，对整个学校有较高的认同度。从某种角度来说，学校就是一片精神园林。全体师生员工和谐相处、信息畅通。学校无小集团、无拉帮结派，处理和解决问题不讲哥们儿义气而讲原则。第四，新的教育行为固化的速度。管理层的示范作用和文化思想引领作用得到充分发挥；学校规章制度在全校师生中的认可度高，学校管理层和教职员工的执行力度强。

关爱在细节之中

学校一座楼的墙面上写着"让爱的阳光洒满整个校园"几个大字，但恐怕不是所有的人都能领会其中的深刻内涵并自然体现在所有的工作行为和学校人际关系的相处之中。

我曾经收到一位教师的邮件，信中写道："你一直以来都倡导人性化的管理，我觉得你也做到了，并且做得很好。你考虑得很周全，考虑教师的身体健康，学校出资让教师放假前出去聚餐，每学期出去旅游一次，放松心情，这是一件好事，得到了全校教职员工的肯定。你说，旅游的钱不能发放，这样是杜绝少部分不喜欢参加集体活动的人随意支配钱，但是政策的执行也不能过于死板吧？我也想跟你们一样能够出去旅游，出去玩，但是因为身体原因去不了，我想问：旅游的钱就不能够单独发给我吗？我请教一位管理干部，他回答是不能，因为是学校的规定！我想既然是人性化的管理，为什么就不能替我们身体状况欠佳的教师考虑一下呢？身体不好这种情况，没有谁愿意，既然已经这样了，我希望管理者能多为我们这样的人考虑一下，让我们也体会一下组织的温暖。本来这点事我可以跟你当面说的，但是因为你平时很忙，我由于自身身体原因找你不太方便，没办法亲自向你诉说，只有通过邮件来跟你交谈，希望你能在百忙之中抽出时间给我一个答复，好吗？"看了这封信，我非常佩服这位行走不便的教师为争取自己的权利而直抒胸臆，我为自己考虑事情做不到细致入微而感到内疚。对人的深切关怀，应该体现在一切人文细节上。

在学校，不乏同事之间的相互关怀。教导处一位女教师患脊髓空洞症，迈步时不仅感觉疼痛而且很容易因为腿部无力而摔倒，行走非常困难。同事每天坚持主动为她打饭。这位擅长自学考试和处理微机信息的老师，把对同事的感激之情转化成对工作的踏实认真和对人的周到服务。学校把她的爱人从农村学校调来，让他们在生活上互相照料。每当我看见小两口骑着摩托车上班，丈夫背着妻子拾级而上，走进明德楼办公室时，总有一种精神感动着我。学校的人文气质在如春的校园里散发着馥郁的芳香。

在班主任的选派问题上，我以前或多或少地会考虑要让教师们完成工作量，避免不满课时影响其经济收入。恰恰这种潜意识的想法，很有可能把不适合做班主任的教师推到了不合适的岗位上。什么是管理者对教师的爱？不是一味地迁就，一味地满足教师的任何物质要求。管理者对教师不是服从，而是服务。把人安排在不恰当的岗位上，让他得不到工作的幸福感，深层次地思考，这就是没有为他人做好实实在在的服务。一位不善于处理师生关系、对情绪控制力差的教师，当班主任是一件非常痛苦的事。如今，我对管理者的爱有了理性的认识。

如何表达对学生的爱，这是一个对很多教师来说根本不是问题的问题，但通过仔细观察，我发现有些教师确实不会。比如，学生们迎面走来主动向老师问好，有的教师根本没有回礼的意识并且无动于衷；学生们违纪、违规时教师正好擦身而过，有的教师却熟视无睹；教师使用空洞的、夸大其词的频繁"表扬"，实则是廉价的恭维……看来，我们不仅要让学生学会爱，教师也同样要学会爱。爱绝不是单向的，是一种双向的心灵之间的互动，是幸福的多向传递。

关爱，并不需要去刻意做什么惊天动地的事情，它就在微不足道的细节之中。一滴水可以折射出太阳的光辉。我们高喊着把学校建设成充满人文关怀的精神园林，那就从脚下的一方土开始。

暖暖的"三八"节

有一年的"三八"节，学校领导给男教师布置任务，每人必须给女教师们写一封慰问信。按我的说法学校的每一位男性教职工都叫男教师，一线的男教师们惨了，后勤的男教师们就更惨了。因为他们有的在食堂举锅铲，有的在握校车的方向盘，很少握笔。但是，校长规定必须写。随即，一封封热情洋溢的慰问信像校园里春天的花儿般越来越多。

一位老教师听错了校长布置的作业，给自己的老伴写情书："你老了，还在忙前忙后地带孙子，真的感谢你！"一位老教师非得给作为同事的妻子写慰问信，取名叫"致爱人"，强烈要求学校必须通过特快专递送到他妻子手里。后勤男教师们很会拔高文章高度，很讲政治思想性，大赞女教师们是践行"三个代表"的楷模，为中华之崛起奉献一切。领导们把男教师们的署名信装进一个个红包里。这下把女教师们搞得心痒痒的，她们不知道节日那天自己会抽到怎样令人心跳的一封信。

"三八"节终于到了，全校领导和教师们同时得到一个巨大的惊喜——学生们居然瞒着老师编了许多五颜六色的幸运星，每一串幸运星上都写有祝福语。这是一个浪漫而富有诗意的令所有人感动的"三八"节。

更加出乎意料的是，第二年的"三八"节，竟然有教师自发延续上一年的浪漫，诗兴大发，学校校园网上出现一封《致女同胞的公开信》，并把温情小诗悄悄塞进了学校送给女教师们的红包里。其实，幸福无处不在，当我们在团队中感受到来自心底的快乐力量时，美好的情感就会在周遭弥漫，并在彼此间传递。特别是学校，每个人的工作离不开与人打交道，每一件事情都是在群体通力合作中完成的，因此，校园中的人张扬更多非理性的东西，恰恰能活得更真实。一座充满人文气息的校园，需要激情、需要温情、需要幽默与浪漫。

教师需要幽默和自嘲。有了幽默感，就有了阳光、有了温暖，师生之间、同事之间、干群之间就能产生更多的亲近感。对于任何人，幽默是一笔永远增值的财富，教师的幽默在学生心中更是一种美德。享受职业生活、享受人间暖情，其实就是在享受人生幸福。

我们要的是幸福

我的邮箱里曾经收到过一名九年级学生发来的邮件，是他自己创作的歌曲《少年的你》，送给母校。这首感恩老师的小清新之作深深打动了我。我决定鼓励孩子的天性发展，想要为他做些什么。我请本市最优秀的音乐人将这首歌修改完善，并进棚录制。最终，这首歌在"感动校园"颁奖典礼的大型活动中隆重推出，受到全校师生的热捧。在老师们的助推下，"音乐王子"得到了父母的支持，有了自己的音乐工作室，创作了大量的音乐作品，还为电视剧谱曲。如今，他作词作曲并演唱的原创音乐专辑即将制作完成。在教师节前夕为老师们创作歌曲时，他说："真的，写哭了，唱哭了。老师，明天就是你们的节日了，祝你们身体健康！万事如意！陪我们走过青春的人，我深深地谢谢你们！"

孩子们一定会记住老师们的好。所以，孩子们会叫老师徐妈、付妈、二爸、才才哥、秋燕姐、洪玉姐、发哥、明明姐、菲菲姐、可可……孩子们绝对忘不了谭梅老师，因经常接班，而被同事戏称"后妈"。当她几个月大的女儿咳嗽总不见好的时候，她为不落下学生们的功课也只能揪着心到校继续上课，然后在办公室内疚地接受孩子爷爷奶奶的责备。周天源老师犹如玻璃瓶底的眼镜片在他脸上突然消失了，孩子们问："老师，你为啥不戴眼镜？""这样帅！"其实，高度近视的他因眼疾刚做了手术，医生告知他几个月不能戴眼镜。即使视线模糊，他仍然站在讲台上讲课，认真地备教案、批改作业。孩子们绝对忘不了，在五月备战中考的关键时刻，贾红云老师被确诊"腰肌劳损，椎间盘病变"，医院两次出具卧床休息的病假条，但他撕掉假条，靠服镇痛药，跛着脚穿梭在教学楼的一楼和二楼，直到中考结束他才开始卧床治疗。张行志老师寒假期间患了急性胰腺炎，医院下了病危通知书。他身体虚弱，急需修养，但他没有多要一天假，寒假一结束，就准时上班了。

作为校长，我忘不了，教师因为生病住院，不能上班，居然给我发短信，觉得自己耽误了工作，对不起同事、对不起学校；我忘不了，已经下晚自习了，张瑞媛老师为了能够在第二天第一节课及时评讲家庭作业，还在办公室默默批改作业，直到她老公来接她才回家；我忘不了，何瑞卿老师向我请假，由于老父亲已是癌症晚期，需要回去看望一下，我毫不犹豫地同意了，第二天我发现他并没回外省的老家。他说才接高一新班，新团队才组建起来，班主任不能走啊，他选择不耽误工作，周末回老家看望父亲。老父亲不理解他，甚至拒绝吃止痛药。他的母亲理解他，做他父亲的思想工作，最后何老师终于得到了病重父亲的谅解和支持。

前几年，我偶然发现唐霞老师的办公室里贴了一张有她漫画像的很特别的奖状，那是学生画来送给她的。现在，她所在办公室的那栋楼已经被拆掉了。后来我问她："那张奖状还在吗？""在，我保留着呢。"老师们特别珍爱孩子们对自己的褒奖。金杯、银杯不如孩子们的口杯。因此，学校为了强化教育的责任感，强化为学生服务的意识，保持着一个文化传统，就是教师节的表彰大会，全部由孩子们开奖和颁奖，每年推出的明星教师，我们都会听取孩子们的意见，选取他们认可的老师。

这样的事例，还有很多很多，因为老师的爱生如子，因为老师的敬业爱岗，因为老师的无私奉献，才有孩子们为老师流着泪写歌的挚诚，为老师们流着泪唱歌的真情。虽然有些例子略显极端，但我们并不希望一提到教师就想到老师病了或老师的亲人又怎么样了。教师生涯没有这么悲壮，我们要的是幸福！我们希望能更多地看到老师们内外兼修的美丽，看到老师们更强壮的身体，看到老师们更富有朝气地生活，看到老师们更和谐的家庭，看到老师们更快乐地工作，看到老师们由衷地说："一边教书一边美是一种幸福的生命状态。"

三、人人心中都有一个沉睡的精灵

创造性是个性的最大亮点

个性是人们熟悉的字眼、常用的概念，然而给它下定义并非易事。英国学者大卫·丰塔纳在《教学与个性》一书中指出，在我们对个性下定义时，脑子里出现的第一个问题是个性似乎是一个捉摸不透的术语。我们原以为自己懂得了这一术语的含义，可是当我们试图以一种能为人们所接受的形式去表达它的意义时，却又往往感到心有余而力不足。哲学、社会学、心理学、教育学等学科无不研究个性问题，但都各有侧重，尚未达成共识。个性是个多视角的、历史的和发展的概念，其含义随着历史的演进不断发展变化。

不同学科领域对个性的理解和界定不同。从哲学意义上讲，个性只是一个与"共性"相对应的范畴，是指某一事物区别于其他事物的个别的、特殊的性质。从心理学的角度来看，个性是指在一定的社会历史条件下的具体个人所具有的意识倾向性，以及经常出现的、较稳定的心理特征的总和。生理学侧重对个性的神经类型的解释方面，个性是指不同个体的肌体的各个组成部分质地的差异性。社会学把人的个性视为生理因素与社会因素的复合体，认为个性是个体社会化的结果，它在一定的社会关系中形成、发展起来，又在一定的社会关系中表现出来。我国的教育学者通常将个性理解为与共性相对的概念，包括人的独特性、主体性、创造性，更有人把社会性也包括其中。观点虽然各异，但独特性和主体性为大家所公认。

综合各相关学科的研究成果，个性可以界定为，个体在一定的社会环境下，在其一定的生理和心理素质基础上，通过社会实践活动并经主体内化后形成和发展起来的独特性。人的个性结构主要包括三个方面的内容：生理特征(体质、体能、外貌等)；心理特征(性格、气质、情绪、意志、品质、认知能力、兴趣爱好等)；意识倾向(世界观、价值观、人生观、道德观、理想信念观)。个性是在遗传的基础上，通过环境(包括家庭、学校、社会)的影响，在社会生活实践中逐渐形成和表现出来的。所以说个性是稳定性和可变性、特殊性和共同性的统一体。

创造性是个性的最大亮点。个性的"与众不同"和"标新立异"，唯有创造性反映得最为鲜明。没有个性就没有创造力，缺乏个性就缺乏创造力。古今中外无数事实都证明，大凡有成就之人都具备鲜明的个性，个性越鲜明，创新能力就越突出。科学家以独特的个性，进行独立思考，发表独特见解，独辟蹊径，进行发明与创造。艺术家以独特的个性，标新立异，从而形成异彩纷呈的艺术风格和流派。一个没有个性、人云亦云的人，既不会在科学上有所建树，也不会在艺术上有所作为。没有个性，就没有科学的创新和进步；没有个性，也就没有艺术的风格和魅力，因此要把学生培养成创新型人才，就必须重视其个性的发展与培养。

个性发展的核心是创造能力的发展。创造性的培养是以个性的健康发展为基础的，创造性是个性的核心，创造性能力的发展有利于个性的发展。约翰·密尔认为，个性自由是个人进步和社会进步的主要因素，个性具有首创性价值。由于先天的条件和后天的影响，每个人都有自己的独特性，不同的认知特征、不同的兴趣爱好、不同的欲望要求、不同的价值取向、不同的创造潜能，铸造了人千差万别的个性。个性的充分发展，能极大地激发个体的创新精神和提高个体的创新能力。因此，重视个性发展是培养和造就创新型人才的基础。活跃、独立、自由的个性是创造力萌发与生长的土壤，是创新人才成长的条件。然而，每个人的先天禀赋和后天成长是不同的。因此，为社会所做出的贡献也有所不同。只有发挥各人特长，才会有创造特色及个性，而模仿和从众只能造成平庸。

成就每个独特的灵魂

歌德说，一棵树上很难找到两片形状完全一样的叶子，一千个人中也很难找到两个在情感上完全协调的人。个性是一种价值，世界的丰富多彩、人类的千姿百态也正源于此。

当我们说每个学生都有自己独特优势的时候，也就意味着，我们承认每个学生都有性质各异的缺点。这就为教育者提出了一个具有选择性的难题：我们应该放大学生的独特优势，还是消除学生形色各异的缺点？从理论上说，教育当然应该两者兼备，只有这样才可能让学生在成长的道路上走得更加顺利。可事实上，教育还必须在两者间做出选择，毕竟只有集中力量才可能让一件事情做好。从体现教育者自身的智慧而言，消除学生形色各异的缺点更有价值，但从学生自主发展来说，放大学生的独特优势更有意义。因为放大学生独特优势的过程，是学生主动学习与发展的过程，是一个积极并富有成就感的过程，而消除学生缺点的过程，是教师外在强调与教育的过程，是一个消极而又艰难的过程。当学生在受教育过程中，不断发现自己的能力与优势时，这是令人奋进的；当学生一次又一次地面对自己缺点时，这是令人沮丧的。

发展学生个性，注重培养、完善学生的良好个性品质，既是现代教育的要求，又是社会发展和个体发展的需求。只有当每个学生的个性得到充分尊重和发展时，才能真正实现我们的教育目标，才能真正突出素质教育的重点——培养学生的创造精神和实践能力。学校不能局限于把学生都教成考高分的通才，应着眼于培养学生的综合素质，重视发现和培养学生的特长，因材施教，尽可能地为他们创造发展个性的和谐空间。1914 年，毛泽东以第一名的成绩考入湖湘千年学府——湖南第一师范学校。在校期间，他有严重的偏科现象，在对待如何处理毛泽东的偏科行为引发的教师争执中，惜才如命的孔校长最终选择了尊重其个性，放手让其发展，毛泽东成了校长特许的"特殊学生"。正是这种因材施教、尊重个性的教育理念，才成就了中国的一代伟人。

发展学生个性，从学校和教师角度来说，重要的不是给他们"灌输"多少知识，而是充分考虑学生的知、情、意、行形成的客观规律，准确把握不同学生的个性差异；按照健康的个性标准认真区分优良的个性品质和不良的个性品质，有的放矢地矫正学生的不良个性品质，给他们营造一种积极向上、崇尚创新、张扬个性的良好环境和良好学风，让学生有广阔的心理空间和心灵自由，使他们的个性得到充分的发展。

"Everyone is No. 1"的教育追求，在学校不是口号，而是实际的办学行动。学校尊重每个学生的个性发展，为学生展示个性才华搭建宽阔的平台。学校了解青春期孩子的需要，给了他们恣意绽放的天地，不把学生追求流行视为洪水猛兽，而是加以正确引导。正是由于学校在管理上对学生的"一路绿灯"，教师在学生个性培养上的支持与鼓励，才使得我校学生的个性得到了充分的发展，涌现了一批个性突出的"奇才""怪才""偏才"，成就了一批批独特的灵魂。

教师个性发展是教育生态的改变

教师个性是教师以自己的个性为基础，为适应教师角色规范的要求，在教育活动中形成并表现出来的心理和行为倾向性。长期以来，对于学生来说，教师以"主体"的地位出现，但是教师在发展的过程中并不是主体的角色，人们习惯性地全方位地关注学生的发展，却忽视了教师个性、才能等方面的发展。以往，我们在教师的管理中缺乏对教师生命的完整理解，常常把教师看作工作者，而忽略教师也是生活中的人，是有着个性特征的人。教师的内心体验、情感、个性、人格的发展都容易被我们忽视。其实，我们都知道学生要发展、要培养，教师更要培养和发展。只有充分尊重教师的教学个性和特长，才能让教师有施展智慧和才华的机会，有再发展的条件。全力营造和谐的教师管理文化，为教师的生命发展提供能量，让更多的教师找到自信和价值，如此，我们和谐的教育理念才能得到体现。学生的发展是离不开教师的，因此，在关注学生发展的同时，也要呵护教师的个性，这其实也是在改善学生的教育生态环境。教师个性的成长更是学校追求办学特色的基础。

校园文化的外在形象和物质条件是容易改变的，但教师的教育思想和教学水平以及内在气质和素养的提升，则需要我们花大力气去塑造和培养，这也是实现全体学生多元发展的有力保障。教师专业发展是学校发展的重要课题，学校要建立有效的机制来保障教师能够快速成长。在提倡集体备课和教研、鼓励教师合作与交流的同时，我们学校注意对教师丰富的教学方法和个性化教学风格的总结和提炼，编成了《群星璀璨——教师篇》一书。学校尊重教师的兴趣爱好和专业特长，引导教师开发了影视欣赏、化学与文化、数学与文化、心理自助、生命科学、礼仪与气质、信息技术、音乐舞蹈等丰富的活动课程，既展现了教师的教育智慧，又满足了不同类型学生的学习要求。学校逐渐形成了思想活跃、学术自由、思想民主的教师群体文化，呈现出"群星灿烂"的教学格局。

"我们的教师是优秀教师和潜在的优秀教师"，在这种管理思想的影响下，教师的潜能和自我发展的意识得到了最大限度的开发，大大提升了教师的职业幸福感。"和谐发展、群星灿烂"的校园文化，已经从表层逐渐深入到教师和学生的精神领域，实现了学生和教师由个性发展到全面发展、特色发展到卓越发展的目标。

支持和引领教师树立"个性化教学"理念。每个学生都有优势、都有亮点、都有潜力，教师要用多元化的观点来评价多元化发展的学生。星光课堂要求教师善待学生的差异，将学生的个体差异当作有待开发的资源，在课堂中给每一个学生提供平等发展的机会，使每个学生都有成功的机会和可能，不断激发学生的学习兴趣，增强学生学习的动力。教师必须切实认识到每个学生的可教育性，关注学生个体发展的差异性和个体发展的不均衡性，乐于对每一个学生报以积极、热切的期望，并乐于从多个角度评价、观察和接纳学生，努力寻找和发现学生身上的闪光点，发现并发展学生的潜能。

推动和激励教师实施个性化教学行为。"教无定法"，这就要求我们教师的教法有个性、有特色。教师在教学行为和教师角色等方面都会发生转变。在教学行为方面，把课堂还给学生，把时间还给学生。全校各班每天至少安排一节自习课，高三的晚自习时间安排自习。真正自主的自习，只需教师答疑，但教师看似轻松，实际上却需要钻研更深，备课更精。

四、校长和教师应该是兑现者

好校长因"懒惰"而"专业"

我在重庆工作时，有一年暑期，当地遭遇了55年不遇的连晴高温天气，学校管理层的暑期工作会议却并未因此而取消或推迟。这次工作会议内容主要包括倾吐一学年受到的委屈、对本学年工作的反思、向大家推荐本学年自己看的一本好书，虽是例行工作会议，却给了我很大的启发。管理干部的委屈和反思恰恰是一面镜子，折射出校长工作的失误和偏差；也是一种很好的人际情感的沟通，反映出管理干部的工作品质。

会上提到的两件事情让我印象深刻，久久盘旋于脑际。一是一位副校长送孩子到小学报名，老师问孩子的姓名，他居然不知道，打电话问岳母。因为他的爱人在国外留学，孩子基本上靠岳母照料，平时他只叫孩子的小名，孩子上学前的大名由岳母起，他一天到晚忙个不停，自然就无暇注意了。二是几个主任都说自己一天到晚疲惫不堪，任务是突然下达，然后必须立马完成。因此，平常的口头禅是"马上……来不及了"。无论是中层干部还是校长，每天都忙得不可开交，睡眠时间只有五六个小时。虽然学校近几年发生了巨大变化，但距离我们期望的水平还有距离。为什么我们如此疯狂地工作却得不到理想的成效？

观念！还是观念的问题，在我的思想深处曾经信奉"一个好校长就是一所好学校"。然而，靠校长一个人的能力不可能办好一所学校，靠一种行政权威同样事倍功半，甚至事与愿违。我们真的要好好反思：反思我们工作的定位是否准确，反思我们整个办学的运行系统是否出了问题，反思我们的管理是行政化的管理还是专业化的管理。周彬副校长在发言中指出："听了大家的委屈与反思，我很感动。但感动的背后又是什么呢？这些值不值得我们感动？"一所聪敏的学校，靠的是管理者对团队智慧的重组与优化，不是靠管制与检查，更不是靠管理者与被管理者无休无止地"斗争"。运用智慧做正确的事，我们真的会这么忙乱吗？

我想校长作为学校的掌舵人，必须要有空闲时间思考问题，谋定而后动。校长不能把自己当成"体力劳动者"，而应在把握全局的基础上适当地"懒惰"。这种"懒惰"不是不作为，而是基于对学校中等干部和教师充分信任的一种放权，激活他们的积极性、主动性。学校管理干部也同样需要时间看书学习、不断充电提升，才有可能充满激情地在各自工作岗位上创新工作。管理不是管制，不是管理干部和广大教师的一种"猫捉老鼠"或一种心智的较劲儿。如果管理是引导、是协作与帮助，那么，书就不得不读，学习就不得不成为一种生存的方式，专业管理品质也随之提高。校长的工作更多的是解决思想意识的问题。好校长一定是"懒惰"的，没有行为上的"懒惰"，就不可能有思想上的"勤奋"。

褪去浮华归本真：校长的本位

作为一名在校级领导岗位上工作了二十多年的人，不可能不知道当校长的甘苦与工作技巧。随着年华老去，那些纷纷扰扰的飞絮就逐渐开始沉淀。做一个自然的人，做一个成就别人的人，做一个幸福别人的人，我听到了自己内心深处强烈的呼唤。

某些地方的教育不时出现一些实用主义和工具主义，失去了教育的本真，异化了教育价值。每个人都或多或少有着切肤之痛。但为了我们能够勇敢地行走于理想与现实之间，不能只谈理想，必须接地气。教职工在学校生活，在过他们的人生，他们怀揣着梦想，背负着各种生活的压力，如房贷、孩子的抚养教育费、生活费等。为什么不想尽一切办法，在制度允许的范围之内，尽最大的可能帮助教职工提高生活的质量？应该说，我全力以赴了。

正因为越来越了解当今中国基础教育的现状，当校长，我越来越觉得需要做减法，需要平静、真实地做一些有利于人生存和发展的事。褪去浮色，还原教育的本真。师生处于一种心灵舒展、阳光平和的生命状态，这才是好人生与好教育。因此，我不把学校当秀场，不违背自己内心的价值观搞迎合。自然真实与安静平和，是办好教育的思想境界。每个人都向往社会的公平和正义，因此，作为校长，不搞特权，按制度程序办事，不搞小团体，这是应有的本分。我试图用自己力所能及的力量去营造学校小环境的清新氛围。罗森塔尔效应，是指教师对学生的殷切希望，能戏剧性地收到预期效果的现象。对每一位教师的期待就是校长职业精神的底线，成就师生才能成就校长自己。校长要站在师生的立场，思人之思、爱人之爱。学校之优无关山水楼舍，仅因人之优于人而优于校。我利用一切机会为教师搭建专业成长的舞台。

一个团队如果有反对者和监督者，是一大幸事，这是肌体组织赖以健康存在的营养物质。如果有在相互尊重的前提下的直抒胸臆和意见沟通，这里便绿树成荫。因此，对于向我提意见、批评我的人，我始终保持尊重与感激。思想的自由、文化的多元，正是创造教育智慧的绝佳土壤。学校的星光文化，不是墙上挂的画，不是那些花样翻新的表层的热闹活动，而是根植于校园中每一个人心田的文化。我时常提醒自己，不要总把自己放在居高临下的位置上去评价别人，要换位思考。我不仅要求教职员工，还要求自己，不断调整心态。有的人相信自己愿意相信的假象或谣言，因此，总是活得义愤填膺，这样大可不必。其实，把自己看得渺小一点，再渺小一点，犹如一粒微尘，眼前就是一片海阔天空。那一年，全区人数最少——只有三个人的校领导班子带领着全区最庞大的三百多人的教师团队，我负责全面的行政工作和党务工作，并分管教学。那一学年的教学任务和基建任务很重。我特别注意分权，加强民主管理，注重制度和机制的建立。

做校长，必须从哲学层面上去思考、去办学。我不遗余力地践行着办学的主张：教师教学的最高境界是学生能主动学习；学生拥有极大心智发展空间的学校才是好学校；教学质量的提高往往直接考虑教师方面的努力，换一个角度，如果去激发学生的学习欲望，自然会推动教师对工作的全心投入；学校教育需要整合各方优质资源。

新课改核心是尊重教育规律，尊重学生个性的全面发展。在学校，没有差生，只有差异。用多元课程、多元评价、多元交流，促进学生多元发展；学校不追求统一的课堂教学模式，适合学生的课堂就是最好的课堂；我们营造和谐的教育氛围，让学生大胆表达，展现个性。经常有学生来找我，要我点评他们的演讲、音乐、朗诵等方面的才艺，还有学生为学校写诗，自创校园歌曲，表达对母校的感恩……这些，正是我们期望带给学生的变化。

帮"教师"走进"教育"

一次在做区校长岗位培训班结业论文的评委时，一位区教委副主任对我们的校长说："请你校普通班的老师对成绩差的学生不要流露厌弃情绪，应对他们倾注更多的关心。"他的孩子在我校读书，他是从孩子口中了解到这一情况的。据孩子说，那些学生只是成绩差一些，但其他方面不一定就差，甚至在其他方面很出色。

所有走进校园的孩子都能感受到阳光的普照，这是有品位地办学。虽然我对普通班的师资特别关注，并安排有爱心、有责任心、有敬业精神的教师任教普通班，但还是没有周到细致地去关心这些教师和学生，没有进行更到位的指导和帮助，没有制定出更有针对性和实效性的普通班级管理办法和制度。

中央电视台青年歌手电视大奖赛中一场原生态的演唱比赛，给人留下了深刻印象。选手的非专业知识考查是"一分钟陈述"。一位歌手选择了"第一次登台"的话题。她在第一次登台唱歌时跑了调，但老师在旁照样伴奏，当她唱完后，观众席上也照样响起了热烈的掌声。以后，为避免再次出现这样的失误，她便认真唱歌。余秋雨先生的点评异常精彩。他注意到两个细节——伴奏老师和观众。他点评道："当孩子发生错误时，老师并没有叫停，而是随着她一起串调，观众在此时并没有喝倒彩，这是对孩子的尊重与爱护。"那位歌手的第一次登台，体现了伴奏老师和观众对"孩子"犯错误的宽容，表达了对"孩子"深厚的关爱。由此想到，我们的学困生更需要爱与关怀，他们暂时的落后绝不意味着他们整个人生中全方位的失败。

每一位有事业心的教师都不愿意在自己的专业上无可建树，普通班教师的政治思想工作和师德教育没有必要再兴师动众地做，校长要做的就是调整他们的心态，缓解他们的思想压力，对普通班的管理目标进行相应的调整。比如，低起点、小步走、多反馈、多表扬，最终达到大部分人能跟上大部队。我们时常说，在我校没有学困生，只有差异学生，真正把教育思想付诸实践，不仅仅是一线教师的事情。

教师的耐心于国家、于学生、于家长，甚至于教师都是一件好事。学校不放弃任何一个学生，这是学校的本职工作。但对学校管理来说，它的本职工作就是将教师引向教育。强制不可能让教师主动地走向教育，真正让教师走向教育的，是教师自己的思想与行为。

第三章

在时光的刻度里让生命体验无垠

当代中学生成长在全新的时代里，生活方式、思想观念、价值观念随着社会的发展而不断更新。通过思考、判断和学习，他们的自我意识、独立意识和创造意识逐渐增强；他们渴望表现自己的能力，证实自身存在的价值，渴望得到承认和尊重；他们需要学校提供自由、自主、自律的学习生活环境，充分发挥自身的主动性，在寻找自我的过程中坚定方向并为之付出不懈的努力。

一、横看成岭侧成峰：没有学困生，只有差异

体育、艺术让学生"活"起来

学校的发展不仅要全面提高教学质量，还要促进学生的全面发展。学生的全面发展不仅包括成绩的提高，还有学生综合素质的全面提升以及自我个性的张扬。因此，学校因地制宜，努力发展艺术、体育教育，并逐渐形成自己的教学特色，坚持艺术、体育教育相协调，在规范中树立个性，在发展中提升学生的素质。

艺术类课程的课堂教学是学校实施艺术教育的主要渠道，因此必须保证艺术类课程的教学时间和教学质量。学校配齐了艺术教育师资，严格按规定开齐了艺术课程，初中、高中的艺术教育必修课开课率均达到了100％。同时，学校结合自身特点开设了舞蹈选修课，与美院附中联合开办了美术实验班。

课外、校外艺术活动是学校艺术教育的重要组成部分，学校面向全体学生，遵循学生的主体性和自主选择性原则，鼓励学生积极参与，大

胆表现和创造，并在普及的基础上，尽可能满足学生的愿望。学校组建了丰富的艺术活动团体：合唱队、舞蹈队、健美操队、声乐小组、器乐小组、书画兴趣小组、美术实验班、艺术兴趣班(针对有一定基础的艺术特长生)等，为提高学生艺术素质、展示个性提供了良好的氛围。

艺术活动广泛的群众基础，锻炼、培养和造就了一大批艺术特长生，这些学生往往就是艺术团体的骨干。他们积极参加学校组织的各项活动，并代表学校参加各级各类比赛、演出，既锻炼了他们的各种能力，又让他们在学校崭露头角。他们常常作为校园明星在学校会议上让代表着荣誉的校旗、星光旗为他们而升起。例如，已从学校毕业的张亚雄、曾俊雄，就是从"校园十佳歌手赛"中脱颖而出的，他们都登上了中央电视台的舞台，后者还在歌唱比赛获得了第一名，他们都成了优秀的年轻歌手。每年我校都有几十名学生考入北京电影学院、中央戏剧学院、清华大学美术学院、四川美术学院等知名艺术院校。

学校既重视艺术教育又重视体育教育。无论是社会建设还是个体生活，体育都是教育的最终目标之一。我们认为校园的体育文化绝不只是运动队、运动成绩，还应该有体育课、课间操、体育节以及更多的体育教育活动。作为当地培养体育后备人才的试点校，学校全面开展了游泳、跆拳道、乒乓球、篮球、田径、健美操等运动项目。其中游泳、跆拳道、乒乓球分别由国家游泳队原队员亚运会冠军朱毅、国家队原队员全国跆拳道冠军肖杰、成都军区体工队原队员王玉北担任教练。校游泳队、乒乓球队已连续多年获得市中学生、市青少年游泳和乒乓球比赛的团体冠军和上百个单项冠军，培养出了一大批国家一、二级运动员，并输送到国内各知名高校和专业运动队。

学校一贯注重发展学生的身体素质，重视体育文化的建设，长年坚持开展全校性的学生体育文化活动。多年来，学校一直坚持开展大课间活动、眼保健操、课外体育锻炼等常规活动，以此强健学生体魄，规范学生行为习惯。每年体育节的春、秋季运动会，乒乓球比赛，篮球比赛，足球比赛，羽毛球比赛等竞赛活动培养了学生顽强拼搏的意志和团结协作的集体主义精神。在活动过程中，学生会体育部、各班体育骨干们积极参与各项活动的组织管理，突出了学生的主体地位，培养了学生的组织能力。当学生在体育活动、竞赛中取得好成绩时，学校的校旗、星光旗将为他们升起！他们的英姿、事迹将展现在星光台上。在种种活动过程中，体育的教育作用得以充分彰显，体育文化、体育精神一点一滴地沁润到了学生的心中。

"没有学困生，只有差异"，我们希望，通过艺术和体育教育让学生发现自己的特点，找到属于自己的舞台，尽情展现自己的个性！正如校园主题文化——"天高任鸟飞"所追求的那样，我们努力营造出一片具有浓厚艺术、体育文化氛围的天空，力争使所有的学生都乘着艺术的翅膀自由翱翔。

"百生讲坛"展风采

2001年，中央电视台播出了《百家讲坛》节目，它选择观众最感兴趣、最前沿、最吸引人的选题，邀请相应领域内的专业人士讲述。受此启发，我们学校组织了一场极具特色的学生社团活动——"百生讲坛"，让100名学生走上讲台，给广大师生上课或开讲座，以此为不同类型的学生提供展示的平台和机会。

高一学生蒋屹林同学成了第一个走上"百生讲坛"的学生，团委书记请我去听当天中午在学术厅举行的蒋屹林同学的讲座，但由于我临时有事错过了，我到场时，学生们正好散场。我逮住几名学生问他们对讲座的评价，他们都对主讲人的勇气和口才赞赏不已。在大厅里，我看见蒋屹林同学正在收拾电脑笔记本，我忙向他询问讲课的内容。他的讲座题目是"改变你能够改变的，接受你不能改变的"。他谈到了生命、死亡等人生话题，引导同学们进行手操等自我心理调节，让自己的心态保持阳光、健康和积极向上。他旁边的一名女同学是他的助手，那位助手拿着笔记本对我说："老师，他还有许多地方需要改进，我都记下了，下来后我要和他交换意见。这个'百生讲坛'由我们社团负责，我要保证质量。"我被眼前这名可爱的学生折服了，当即决定让蒋屹林同学走上"教师讲坛"。

在全校教职工大会上，我先简单地介绍了我在"全国中小学校特色发展高峰论坛"上对"学校星光文化的解读"的有关发言，然后隆重介绍了"百生讲坛"活动的第一人。蒋屹林同学落落大方地开始了对全校教师的心理辅导。由于当时区领导临时到我校，忙于接待，我又错过了他的讲座。后来，我在教师口中了解了蒋屹林同学的上课情况，大家纷纷称赞他的从容和睿智。有教师说："老实说，我们在听学生讲课时比听你的

'学校星光文化的解读'更认真!"

"百生讲坛"通过学生自荐和班级、教师推荐等方式，允许学生谈任何话题，甚至可以复制某位教师的一堂课。对蒋屹林同学来说，他得到了老师们对他的鼓励和褒奖，他的优势智能得到了进一步的发掘和发展。对教师来说，教师和学生的换位思考和体验，可以让教师真正感受到教学相长，并与孩子们一同成长。

后来一位记者问了蒋屹林两个问题："你这次走上讲坛最深的感受是什么？你为什么选择考进这所学校?"他不假思索地说："我体验到了老师备课、上课和教育学生的辛苦。因为学校提倡'没有差生，只有差异'，所以，我选择了这所学校。"

寓教于乐

学校运动会不是少数几个体育特长生的较量，而是全校学生的创意大比拼和一场加入各种流行元素的大狂欢。从 2013 年开始，风采各异的出场式和动感十足的"校园 style"，掀起了一次次热潮。为什么重庆巫山县笃坪乡小学的太空步课间操、南开中学的骑马舞课间操曾引起全社会的围观和热议，这无疑表达了全社会的一个诉求：整个国家和社会需要一种"人性"的教育，需要思想的多元、发展的多元，教育需从集体化走向个性化，从标准化走向多样化。当前的教育缺少了多样化的灵性、思维与创造，缺少了文化特质的个性、精神与想象。

学校组织了两场特别有意思的大型活动，这也是学生应该学习的课程。一场是"梦想与团队"大型活动，全校高一、高二年级的学生都参加了，从媒体公关到活动运营，从节目设计再到赞助签约，在短短五周的时间里，这些工作全部由几名高中生完成。而活动的核心 CEO 并不是老师或专业人士，仅仅是学校高二年级的一名男生曹鹭。他说："短短一个多月，我们团队拉到了 9500 元现金赞助和价值万余元的物资。预算一万多元的活动，学校没有出一分钱。"因为活动完全以学生的身心感受来设计，学生们玩得开心，积极投身于活动之中，得到了书本上没有的知识和感悟。一场是"校园好声音——十佳歌手赛"活动，取得了巨大的成功。这全部是学生会和各学生社团相互配合、相互支持完成的。文娱部和音乐类社团负责后台试音和音响控制，常规检查部和体育部负责门票售卖、检票和现场秩序的维护工作，组织部和学习宣传部负责统分。各部门分工合作，踏实做事，展现了铁中学子极强的组织管理能力和社会实践能力。

教育必须做到与时俱进。无论是学生所学的内容还是所学的方式，都需要改革。兴趣是最好的老师，学生乐学才会学得好。我接受网络文化，因为要了解现在的孩子，要靠近现在的孩子，就必须对潮流文化、网络文化有一定了解。我也开通微博、博客等社交软件，也很鼓励老师们开通。事实上，现在学校很多老师都有了微博，从而更直接地与学生、家长、同事交流。学生和家长通过微博、QQ、微信与我互动得很多。有的称我为黄叔叔、黄大哥，比叫校长亲切。甚至很多毕业生，一直在网上与我保持着联系，一直关注学校的发展，并献计、献策。

校园里的潮流元素非常多，这些元素能激起学生的参与度与热情。当然，潮流文化尤其是网络文化并不是所有的都适合，在信息化社会的今天，网络上的糟粕与精华并存，这就要求老师首先要把关，其次是教会学生要有"抵抗力"。如何把握这个度，就一定要依靠学校、依靠老师来拿捏方向。从另一个层面讲，我们选择的潮流文化并不是为流行而流行，要寓教于乐，鼓励学生、教师创新，这也是现代教育的主流。比如，我校的"百生讲坛"，就是鼓励学生创新，并且坚持了许多年。本期学生还进行讲课比赛，很有意思。有学生说："铁中是一所有趣的学校！"其实，流行文化与教育的结合就是寓教于乐，适合学生的教育方法就是好方法，教无定法。

学校艺术教育三问

艺术教育能提高学生的品位，塑造学生的灵魂和气质。学校艺术教育应成为学生教育生涯中一抹绚丽的色彩，培养他们的艺术修养，为他们的生命中奠定艺术底色。然而，现实中一些学校的做法逐渐偏离了艺术教育的方向，使人们对学校艺术教育产生了一些误解。因此，回归学校艺术教育的本质，是当前学校艺术教育的迫切任务。

学校艺术教育是竞技教育还是素质教育？

一些地方经常会举行学生艺术节活动，如合唱、舞蹈、器乐、小品、朗诵、"三独"(独唱、独舞、独奏)等项目的比赛，结果总是在预料之中：当地的一些名校领走了绝大多数项目的一等奖，艺术水平完全不在同一个层面的边远地区学校千里迢迢赶来参赛，花去大笔交通费和住宿费，基本上与大奖无缘。

名校不可能不拿奖，这些学校招揽了当地最好的艺术类特长生，然后高薪聘请全国知名的艺术家专门为其创作、指导和排练；还有个别学校请专业艺术团体演员或艺术院校的学生担任重要角色，节目可谓锦上添花。然而，学校艺术教育就是为了参加此类竞赛，为了给学校争取荣誉吗？艺术教育应该是对学生素质的培养，何时成了纯粹的竞技比赛？

屡获艺术比赛大奖的学校就一定是艺术教育成功的学校吗？一般来讲，知名度高的学校艺术类特长生趋之若鹜，甚至这些名校可以不惜血本掐"尖"，挖这类学生。在这种情况下，有的学校就专门用那几个艺术特长生扯起学校艺术特色的大旗。

试问，在艺术特长生成绩的背后，绝大多数学生是否能在学校接受真正的艺术教育？事实上，一些学校并没有重视绝大多数学生在接受什么样的艺术教育，虽然他们有同样的权利并渴求享受艺术教育。何谓成功的学校艺术教育？是面向全体学生，提高全体学生的艺术素质的普及教育，而不是针对少数学生的技能、技巧教育。

学校艺术教育是功利教育还是生活教育？

有些学校的艺术教育是强迫性的。日常教学是无关紧要的，有时课时还要让位给中考或高考的科目，学校要参加艺术比赛了，艺术学科的老师就到各班去选秀。挑中的学生立刻集中参加排练、参加比赛，为学校拿名次。

为了参加比赛，学校让学生加班加点训练，中午不休息，下午放学后再来练，晚自习也不上，周六、周日也不能放松。接下来，学生只有疲惫、疲惫、再疲惫。这样的艺术活动不可能赏心悦目，不可能不枯燥乏味，不可能不对文化课学习造成极大的冲击，不可能不发生文化课与艺术课教师之间的"针尖对麦芒"。然后，有人委屈地大呼艺术教育受到了极大的阻碍，在以升学预备型为主的学校没法搞艺术教育。殊不知，艺术教育的目的是提高学生对艺术的兴趣和爱好，提高欣赏水平、表现能力和创造能力，如果带有太多的功利色彩，势必会让学校艺术教育误入歧途。

二、欲穷千里目：从"星光教育"到"月湖寻宝"

课程是学校有意识设计的教育内容，是培育个体生命意识的"孵化器"，是实现育人目标的设计蓝图和有效载体。无论是在重庆铁中还是在宁波二中，学校课程建设都是落实育人目标、推动人才培养模式变革的重中之重。从重庆铁中到宁波二中一路走来，在学校课程建设的这条路上，我们有过摸爬滚打，有过冲刺在前，未来我们将秉持育人的理念和要求勇敢前行。

星光教育引领下的全方位课程建设

"星光教育"是在重庆铁中就任时基于多元智能理论提出的学校教育理念，其核心是认同、尊重和发展学生的个体差异。这就要求用"多把尺子"来衡量和评价学生。多一把尺子，就多一批好学生。学校把绝对标准、相对标准和个体标准很好地结合起来，制定多元的评价指标，既体现对学生的基本要求，又关注每个人的个体差异，鼓励学生张扬个性，促进学生健康成长。学校提出这样的办学宣言："没有学困生，只有差异"。学校教育就是要让学校里的每一个人都有尊严地成长，要让学校每一个人的生命绽放光芒，犹如满天的灿烂群星。

在这样的办学理念下，学校全面梳理课程文化和资源，基于学校基础，综合考虑未来教育发展的需求，凝聚成学校课程建设的文化精神——繁星点点，璀璨生辉。教育绝不是单纯的知识与技能的传授，还包括人格的养成、人文的熏陶、心灵的唤醒、创造力的培育以及智力的开发。因此，学校摒弃了狭隘的功利主义，力争让每一个铁中学子成为有智商而又有智慧、有知识而又有文化、有欲望而又有理想、有目的而又有信仰、有愿望而又有行动的人。

学校课程规划是学校课程不断完善的重要途径，也是学校课程执行的关键因素。学校专门设立了课程设置领导小组，校长为领导小组组长，副校长、教导主任、学生处主任为成员，以加强对学校课程设置的监督和指导。学校从师资、环境等各方面做好科学规划，为课程实施提供充足的条件和财力上的保障。在学校"和谐发展，人文见长"办学理念的指引下，学校筹集资金为教师培训和研修提供专项费用，为教师学习购买了书籍资料等，从物资上给予保障。为保障课程设置的顺利实施，学校在基础课程教师缺少的情况下，一方面引进艺术学科方面的教师，保证学校艺术课程的全面开展；另一方面学校安排专人开展综合实践课程和研究性学习课程。这些举措从根本上为学校课程的设置和规划提供了有力的保障，推动了学校课程改革，为学生创造了优良的学习条件和氛围，进而对整个学校文化建设起到了积极的推进作用。

在学校的课程设置上，学校引领教师以一种全新的教育理念对待教学，不让学生成为知识的奴隶。告别"考试文化"，可能在很长一段时间内难以得到真正彻底的落实，但我们在教学中从学生认知规律出发，以满足学生个性发展需要为宗旨，合理地设置适合本校学生的课程，让学生体验快乐学习的同时，学有所成，学有所思，学有所用。学校既重视传统课程的优势，又吸取现代课程理念，将国家、地方、校本课程有机整合，在课程设置上由原来重视单一的基础课程知识，逐步增加其他如综合实践活动课、研究性学习等。课程设置力求体现共性和个性，现实和未来相结合，既有统一性，又有自主性，努力促进学生和谐、全面地发展，让学生的个性在各方面得到张扬，一切为学生的可持续发展服务，为学生的终身发展负责。

学校具体课程设置为七、八、九三个年级，除保证语文、数学、英语、政治、历史五科的课程外，七年级、八年级还开设生物、地理学科，八年级开设物理，九年级开设化学，这些课程严格执行国家课程和课时安排。此外，学校还加强对学生身心健康的培养，开设体育与健康课，保证每周三课时，在七年级开设了心理健康课，以期促进学生身心健康发展。七年级、八年级开设综合实践课，培养学生的动手能力和创造性思维。三个年级都保证音乐、美术的课时，以期提高学生艺术欣赏能力，以及对生活、对自然、对社会、对美与丑的判断力，培养学生对生活的热爱、对美好生活的向往，激发学生积极向上的精神风貌。在高中开设研究性学习课程，开发校本教材、重庆乡土地理教材等。学校在加强基础型课程的同时，为学生提供了丰富的选择性课程，如学科提高、拓展课(奥数)、兴趣类、讲座类；组建了信息技术活动小组，如机器人足球赛小组，艺术、体育类活动小组(合唱、绘画)等；语文学科开展戏剧表演、文学欣赏；英语学科有"英语节"活动；历史学科有历史知识竞赛、历史知识讲座等。学校立足为学生的美好人生奠基，根据不同学生的需要，规划和设计不同的课程，使每一个学生在原有基础上都获得最佳发展。

校本课程研发是学校课程建设的重要环节。校本课程开发与实施是一个非常复杂的过程，学校坚持站在时代发展的高度审视新课程建设，与时俱进地整合课程资源，使教师的智慧和创造力能够自由发挥，使课程研究成为教师的自觉行为。课程开发和整合的方式有课程选择、课程补充、课程改编、课程整合、课程拓展和课程新编，学校开设的课程中既有国家级教材(有多个教材版本，学校教师可以根据实际选择使用)，又有符合本地学生的乡土教材，如《重庆地理》《九龙》等，更有适合学生发展的校本教材。实际上，重庆铁中的校本课程开发早在 2002 年 9 月就已经开始，当时的初衷是形成以必修课进行分层教学，以选修课、活动课扩充内容为标志的三大板块课程，改变以往的单一状态。在校本课程开发中，学校以专家组为理论指导，遵循学校办学理念和办学特色，依托学校的教研活动，以科研型教师群体为主体，在对本校学生的需求进行科学评估，并充分考虑当地社区和学校课程资源状况的基础上，开发旨在发展学生的兴趣和特长，拓宽学生知识面，培养学生的合作精神、创新精神和实践能力的，可供学生选择的，学校自行设计与"量身定做"的个性化课程，进而形成了多本特色校本教材。例如，《走进化学》《数学文化》《影视剧作与鉴赏》《心理辅导》《综合实践课》《走进科学》等。校本教材开发是一个研究的过程，开发校本教材也为教师提供了展现自己才华和实现自我价值的平台，促进了教师的专业发展，培养了教师彼此间的团结与合作精神。同时校本教材的开发也是一项富有挑战性的事业，如何开发出特色与实效兼备的校本课程，让课程既彰显学校文化特色和育人理念，又切合学生发展需要，这是一个不断探索、逐渐完善的过程，需要做好每一个细节，通过锲而不舍的努力，使校本教材向"科学性、知识性和趣味性"三位一体方向发展。

学校课程体系建设还需要教师队伍的支持，可以说教师是课程资源建设的重中之重。联合国教科文组织近年来的有关研究报告在总结教育改革成功经验时都明确指出，教师是决定教育改革的三个关键因素之一，"没有教师的协助及其积极参与"或"违背教师意愿"的教育改革，从来没有成功过。学校选择适合学生终身发展的新课程设置，不仅为学校的课程革新带来了机遇，也为教师的专业化发展提供了平台。学校根据新课程设置的需要，采取"请进来"和"走出去"的方式，先后开展了各种富有成效的培训活动。一方面请一批有深厚理论素养的教育专家和一批有丰富实践经验的教师来学校讲学和指导，同时也派出一批教师，尤其是学校的骨干教师、优秀教师带着实践经验外出学习，将理论与实践相结合，借此培养出一批适合学校发展需要的教师队伍，促进教师把新课程理念转化为实际的教育教学行为，使新课程的实验过程成为教师自身不断成长、形成自身教学风格的过程。

　　学校课程建设也同样离不开教学制度的支持和保障。我们从三个方面入手推进教学制度建设。一是以建立教学常规为基础，形成教师共享的教学价值观。教学常规包括教师备课、上课(实验)、作业批改、课外辅导、考试、学生的上课纪律、完成作业等管理制度。教学常规管理是教学永恒的主题，它具有强烈的规范性、组织性、秩序性，属于校园内必须强制执行和严格遵守的文化类型。学校在制定这些规定时，要充分考虑实效性和可行性，做到让全体师生认同，形成共同的价值观。二是以教学质量目标管理为杠杆，激发教师积极性。教学质量是教学工作的中心，是学校的生命线。学校在制定教学质量目标时，依据学生的入学成绩及成长变化，注意班级、年级教师的认同性。教学质量目标落实到年级、班级和学科，保证了实效性。同时，学校还注重对教学质量目标进行过程管理，以毕业升学考核为主，以期末考核为辅，在考核中做到以客观、公正、科学和实效的态度和方式，评价年级、班级和学科教师完成教学任务的情况。考核评价根据教师职业特点，以激励为主，充分调动教师的教学积极性。三是以教改科研和师资培训为保障，提升课程建设水平。学校的教改科研水平、师资教学水平决定了学校的教学质量。我校的教改科研和师资培训活动以教研活动为载体，注重了实效性。教改科研紧密结合教学，落实到促进教学质量的提高上；师资培训以集体培训为主、个别指导为辅，为教师创造优良的成长环境，同时建立激励考核机制，形成了良性循环。

　　如此，学校通过理念引领、课程规划、教师培训、制度保障等形成了课程建设的闭环，保持开放的课程建设心态，不断适应时代要求调整和完善学校课程体系，进而形成了螺旋式上升的发展态势。学校课程在实施的过程中培养出了一大批优秀的教师和学生，以及诸多课程实施的优良案例，为进一步优化学校课程提供了思路和启示。

小校园、大学校："月湖寻宝"项目式学习

　　宁波二中的环境、历史与周边文化资源得天独厚，堪称全国罕见。学校以月湖为教学资源，开设了基于问题解决的"月湖寻宝"课程群。以学生小组合作完成闯关任务的形式，将学科知识、选修课程、社团活动完整地结合起来。用活动任务激发学生的学习兴趣，让学生在闯关过程

中充分体会学以致用的重要性和探索未知的成就感。让教学回归学生、回归学生的生活，以培养新时代创新型人才。

"月湖寻宝"课程群，拓展了教育时空，让学生进行深度学习。为此，我们开发了知识拓展课程、职业技能课程、社会实践课程以及兴趣特长课程四类课程体系。知识拓展课程，主要是拓展课程、大学初级课程、介绍学科最新成果的课程和学科应用性课程等，旨在让学生形成更扎实的学科知识基础，拓宽视野，帮助学生形成永久的兴趣爱好，如"月湖寻宝"之"数学应用""天一阁文化通论"等。职业技能课程，是从职业教育引入的操作类课程，包括职业技能类、生活技能类和地方经济技术等，旨在增强学生动手实践能力，包括"月湖寻宝"之"茶艺表演""导游体验""摄影技艺"等。社会实践课程，主要包括以下几个方面：调查探究活动，如"月湖人文地理调查""月湖历史探究""月湖植物调查"等活动；社会实践活动，如"月湖寻宝圆梦二中"社会实践活动，学校通过系列活动，激发学生对宁波历史文化特别是月湖周边文化的兴趣，了解二中的历史和精神，培养学生爱乡、爱校的情感，同时引发学生对自己未来职业规划的思考；校园文化活动，如"月湖诗词大会""月湖茶艺表演""月湖小品表演"等。兴趣特长课程，主要是体育、艺术、健康教育、休闲生活及知识应用等，包括"月湖观天地""'做中学、做中创'——月湖建筑模型制作""月湖观天地""定向月湖"等。

基于"问题解决"的"月湖寻宝"项目学习，是一场学习方式的变革，我们归纳有四种主要的学习方式，即问题学习、合作学习、主题学习以及无限制自主学习方式等。

问题学习：由接受学习走向探究性学习。

比如，源于"生活实践体验"的问题学习。如果看见高大的鼓楼，我们想去测量，但是鼓楼那么高，我们能够测量吗？下面是学生以测量鼓楼为问题的探究学习。由于测量鼓楼没有合适的测量工具，他们开始想办法。

首先是方法一，用手机来拍照，根据三角形的相似性来求鼓楼的长宽，但由于手机拍照无法聚焦，产生的误差较大，第一种方法失败。于是，学生就设想第二种方法，用量步法来测量鼓楼的长宽，但这种方法学生通过思考后发现，鼓楼的正面有较多的树丛且地势不平坦，因此这样误差很大，最后学生又想到丈量法，测出鼓楼的长宽(如图3-1、图3-2所示)。

宽的测量：来到鼓楼，查看地势，我们组决定先测宽，取出准备好的长 5 米的塑料绳和有刻度的长 1.5 米的塑料绳，开始测量。两个组员分别拿着 5 米长绳的两端，在洞门内侧一边找一条石阶，沿这条线将塑料绳两边拉直，由洞门开始，多次测量后，在最后目测少于 5 米时，用 1.5 米的绳测量，读出刻度 x，总宽度就为 $5n+x$。

图 3-1　学生测量鼓楼的宽和长

我们组经过观察发现，鼓楼正面树林过多，地面不平坦，难以测量，故我们选择门的背面测量。与宽的测量相似，拉紧 5 米塑料绳多次测量到洞口附近。

因为剩余长度多于 1.5 米，所以我们决定先用 5 米绳量，再用 1.5 米的绳测出 5 米绳剩余部分，最后测出楼门右侧长度为 $5n-x$，因为鼓楼为对称结构，则左侧长度也为 $5n-x$。最后用相同方法测出鼓楼楼门宽度 y，将其相加得出鼓楼长度 $10n-2x+y$。

图 3-2　学生测量鼓楼的长

又如，源于"自身成长困惑"的问题学习。在学生成长过程中，很多学生都会面对各种成长问题，如孤独问题、不擅于表达的问题等，这些问题对学生的成长十分重要。为了解决这些问题，我校开展了"月湖寻宝——历史剧本"，让同学相互交流、相互对话，提高学生的自信心。在该课程的学习中，学生自由组合，不同成员分配不同角色，一起完成剧本的表演。此外，学生还可以选择"诗意地吟唱：诗与歌的互化"来培养自己的表演能力，解决成长的孤独问题。在学生成长过程中，学生也会面临惰性、学习压力大、焦虑等问题，为此学校还开展了"月湖定向运动"课程学习，同学之间相互探究和学习如何强身健体，如何解决焦虑，如何释放压力，等等。

合作学习：由单一学习走向学习共同体。

比如，基于"共同问题的合作学习"。在学生学习"月湖寻宝之建筑模型"的过程中，学生根据教师的安排分为几个小组，每个小组的成员进行不同的分工，有的做模型设计，有的做材料收集，有的剪纸，有的进行房屋建构，每个学生按照自己的分工，各司其职。然后学生再根据各组完成任务的情况来评价，相互协商，共同完成任务。

主题学习：打破学科割裂走向学科综合学习。

在高中的项目学习中，主题学习是学生学习方式转变的一种重要方式。主题学习可以打破学科界限，整体式学习是最好的学习方式，也是当前解决学生"割裂式"思维学习的重要手段。比如，"多学科融合"的主题学习。在天一阁的导游学习中，学生不仅要学习天一阁的历史，还要熟悉地理环境，对一个高中生来说，关键问题是如何讲、如何表述，这是一个高中生学习的主要问题所在。如果按照传统的学习方式，教师可能就是让学生自己背背就完了，"月湖寻宝"学习项目则不是这样的，学生自主探究，通过对月湖天一阁的观察和学习，学生自己写导游词，自己做地图，自己给游客做导游，在整个过程中，学生都是学习的主体。学生以天一阁的导游为主题，进行一系列的学习任务，如如何做导游图，让游客看起来更加清晰；如何讲解才能让游客听懂，觉得有意思。这些都需要学生打破学科界限，综合学习不同学科，既要打破传统的"读、写、背"分离的学习方法，也要打破传统的单一学科学习的局限性。图3-3是学生画的导游图和写的导游词。

又如，"跨学科融合"的主题学习。基于"月湖寻宝"项目学习，学生以月湖调查为主题进行探究学习，不仅涉及语文、历史、地理、艺术等多门学科的融合，还可以通过学生的调查，看到学生的学习方式已经从单一的学科学习走向了跨学科的融合，学生的综合素养得到了真正的提升。由表3-1可知，在以月湖调查为学习对象时，学生不仅学会了如何写调查报告，还把摄影、月湖历史、文化以及地理融合为一体，走向跨学科的融合状态。学生也通过这样的学习，对月湖的人文地理从未知到已知、从朦胧到清晰，获得了实践性体验，提升了心智技能。

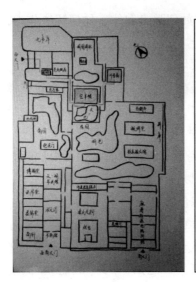

天一阁导游词
——103班忻悦

大家好，我叫忻悦，今天就由我来为大家做天一阁的相关景点介绍。天一阁是国内现存最古老的藏书楼之一，古籍浩瀚，历史悠久，其规模体制被许多藏书楼模仿，幽幽书香承载着厚厚的藏书历史，一座座书楼记下了范氏家族一个个的传奇故事。踏着古色古香的青石板路，我想我们不是客，而是归人。

天一阁始建于明嘉靖四十年，用时五年竣工。它的建造者，想必各位也有耳闻，是当时官至兵部右侍郎的范钦，是他设计了"天一生水，地六成之"的天一阁。这一设想引自《易经》，也是范钦以水制火的美好设想。据说1949年天一阁藏书火剩下原先的五分之一，仅一万七千多卷，后经国家的保护，藏书增至30万卷。
……………

请大家随我来，现在映入大家眼帘的是秦氏支祠，这又是一处体现江南建筑风韵的经典，秦氏支祠在布局、建筑的设计、装饰上均依据江南传统的营造格式，秦氏支祠建筑融合了木雕、砖雕、石雕、贴金、拷作等民间工艺于一体，具有与众不同的宁波地方风格。雕饰的图案内容有婴戏图、渔樵耕读图和岳飞传、三国演义中的人物故事，以及龙凤呈祥、喜鹊登梅等吉祥图案共140幅，这些图案细腻华美，是江南雕史上的一处瑰宝。大家请随着我手指的方向看戏台的顶部，秦氏支祠戏台的鹅，罗顶藻井，其制作工艺之精，被行家推为浙东第一。

来到这最后的书售馆，这场与书相会的文化之旅就结束了，谢谢大家。

图 3-3　学生自制天一阁导游图及导游词

表 3-1　部分学生月湖报告调查学习表

学生姓名	主题	跨学科融合
S1	月湖重游	语文、历史、艺术、地理
S2	关于宁波茶文化的调查报告	历史、艺术、语文
S3	关于月湖寻宝的调查报告	历史、地理、语文、建筑
S4	月湖寻宝调查报告	历史、环境、文化、语文
S5	领略月湖风光，探究文化风情——月湖寻宝调查报告	方法、地理、历史、语文
S6	月湖寻宝调查报告	摄影、地理、历史、语文
S7	月湖采撷	历史、摄影、语文、地理

"无限制"的自主学习：解放学生心智。

如表 3-1 所示，学生进行月湖寻宝社会调查是自觉的、自由的自主学习，学生通过所见、所感来探究月湖，同时也对月湖的人文地理开展调查。在这个过程中，学生为了完成月湖调查报告，他们会采用各种方式自主学习，如访谈、上网查资料、选视觉拍摄、组织语言写作、实地考察等。此外，学生在学习"Follow me—A Tour around the Moon Lake—English for Tour Guides"课程时，会进行无限制的自主学习，他们可以通过自主学习月湖文化，给游客介绍月湖的文化，也可以介绍月湖的美食或者历史文化，等等。总之，自主学习可以培养学生自主能力和独立思考能力。从学生的自主学习报告可以看出，学生是通过自己的思考和自主学习，在学习中不断发现问题，并最终解决问题的。比如，第一个同学"有美一湖"这样的标题取得多美啊，再加上他对月湖的观察和感悟，把月湖的人文与自然之美融为一体，表现出一种人文与自然的融合美，也体现了该学生具有独立思考能力和表达能力，如果没有这样的自主学习机会，我想坐在教室里的学生是无法感受到月湖那般美的。第二个学生通过对月湖历史资料的收集与考察，得出了与月湖有关的传说。这样的学习方式，正是我们现在学习改革所需要的。

三、为有源头活水来：让学习真正发生

星光课堂助力生命成长

校园内有一座名为"成长"的彩雕，造型似雨滴也似种子。教育是文化的浸润，如春雨润物细无声；造型似种子这一原始的生命状态，撒下种子，播种希望。这座雕塑更说明了教育是一种合作式的农业劳动，小麦种子不可能长成参天的黄桷树。学校教育是给予生命成长充足的营养、阳光与空气，激发每一个学生最大的生命潜能。

教育基于人的成长。人的智能是多元的，每个人都有自己的优势智能，每一个学生都可以成为闪亮的明星。学生生命的绽放，犹如群星灿烂。我校逐渐确立和认同了"群星灿烂"的办学理念，逐渐形成了学校特有的星光文化。星光文化孕育了关注生命成长的教育——星光教育，即以"多元课程、多元评价、多元交流，促进多元发展"的教育。星光文化和星光教育在学校集中体现在哪里？在课堂。如今，我们聚焦文化与教育的核心——星光课堂。

星光课堂不是模式化的课堂。学校提倡的是追求多元化的教学特色，课堂改革和教学设计以发展学生为最终归宿点。教无定法，学校可以没有固定的教学模式，教师教法可以不单一，课堂结构可以不统一，课堂组织形式可以不一样。教育不是工厂生产产品，我们不能一味以模式来定义每一个课堂。每一个课堂都应该是独特的、涌动着生命活力的课堂。

我们以"1＋5"的模式抓住星光课堂的魂。"1"是一个理念：没有学困生，只有差异。每个人都有优势和弱势，有智能发展的不平衡。用单一的标准评价，绝对有优和差之分。如果以每一个学生的优势智能为评价标准，则没有学困生，只有差异。我们承认差异，尊重差异，善待差异。学生的差异性本来就是有价值的、待开发的教育资源。"5"是五个维度：生本、民主、互动、情趣、高效。星光课堂以生为本，以生命成长为本，只有适合学生发展的课堂才是最好的课堂。由学生静悄悄地关注固定化的静态知识的模式，转变成让学生自主探索、合作讨论与交流、展示的模式，教师在课堂上只做倾听、点拨精讲，课堂留下学生思考练习的时间。课堂上将第一思考时间、第一表达机会、第一体验过程、第一认知反思还给学生。由此，课堂的呈现形式也变得多元化，如激情奔放的情感课堂、教与学呼应的实效课堂、以倾听为主的静思课堂、探究问题的研究课堂。

我们正在试图建立一个有关星光课堂各维度的实践体系。我校以"星光杯"赛课作为载体，很好地推进了"星光课堂"如何体现新课程理念的研究。我们理想中的学校是高考成绩和中考成绩只是其办学的副产品，最亮丽的办学成就是每一个学生心智的健康成长。如果我们在办学过程中把每个学生都当成自己的孩子，基于这样的思考，我们的教育行为将更有爱心、更科学、更理性。星光课堂，归宿于生命的成长。

让学习落地生根

习近平总书记在全国教育大会上深刻指出，培养什么人，是教育的首要问题，而学校课程则是培养人的主干"跑道"。宁波二中基于党的教育方针和学校独特的文化基因，确立了学校育人目标：培养"修身明礼、文理融通"的现代高中生，在守正与创新中确立我们的培养方向。

在培养目标的引领下，二中课程的建设紧紧围绕学生的素质发展目标开展，构建"双星"课程模型，形成"两大区块"（国家课程和选修课程）和"四个层次"的立体课程结构。"双星"课程模型是一个由物理概念延伸而来的课程概念。"双星模型"本是物理学名词，指两颗恒星在万有引力的作用下，围绕公共的质心不断做圆周运动的自然现象。移用到我们课程，"质心"指育人目标所指的"修身明礼，文理融通"的现代高中生，"双星"是我们用来培养学生核心素养的各类课程。以"双星"的运动形象表现不同课程对学生的影响。同时，"双星"也是一个由地理含义到育人含义的特定形态。宁波二中地处月湖，校园由"竹洲"和"松苑"两处两两相望的校区组成，犹如模型中的"双星"遥相呼应，哺育着一代代的二中人不断成长。

学校课程以核心素养为导向促进课程的丰富、优质，以课程品质提升来支撑学生核心素养的发展，呈现了三个方面的特色。

一是课程的丰富、优质性。学校统整"两大区块四个层次"的立体课程结构，加强基于项目研究的STEAM教育的创新与相关课程的开发，打造升级能提升学生人文素养、科学素养、技术素养等六大类共计217门的学校课程门类。其中STEAM(集科学、技术、工程、艺术、数学多学科融合的综合教育)特色选修课程、航空航天、定向运动、戏剧课程、朗读课程、国际交流时的行走课程、社团课程等特色课程，不断拓展课程边界，成为学生多样化发展的强大平台。其中涌现一大批优质课程，近30门课程入选浙江省或宁波市精品课程名录。"宁波二中文化释义""英语歌曲赏析""打造专属美音""月湖植物志""科技体育"等先后被评为浙江省精品课程；"新闻写作""月湖环境·探索与发现"等22门课程被评为宁波市普通高中精品选修课程。整个选修课程呈现量多、质优的特点，并且这些优质选修课程成为支撑学生个性发展和全面发展的重要平台。

二是课程的地域文化性。宁波二中有一个很有特色的选修课课程群——"月湖寻宝"课程群，这是一个基于二中特有地域文化资源构建的，有机整合了学科知识、职业生涯规划、科技教育、社团活动等元素，孵化出了改变学生学习方式、有利于学生核心素养培养的资源性特色课程。其中对学校周边地域因子的运用是这类课程的亮点。

二中周边散落着众多的人文景点，如天一阁、甬商文化园、院士林、太极馆、茶文化博物馆、篆刻博物馆等文化设施，其所包含的环境、历史文化得天独厚，成为我们课程开发的深厚沃土。

比如，知识拓展类选修课程"月湖植物志""天一阁文化通论"等7门，职业技能类选修课程如"月湖寻宝"之"茶艺表演""月湖寻宝"之"导游体验"等6门；"月湖寻宝圆梦二中"社会实践活动系列；兴趣特长类如"月湖建筑模型制作""月湖观天地"等6门课程均利用了学校地域文化的"厚土"进行综合性、跨学科的融合课程。同时，围绕这个课程群，我校的宁波市重点规划立项课题"普通高中学校教育时空拓展研究——以'月湖寻宝'项目学习为例"历经 3 年实践被评为宁波市优秀规划课题一等奖，这是对这个资源性课程群开发、开设的有力肯定。

三是课程的时代鲜活性。课程是生活的丰富"表情"。课程唯有紧紧地拥抱生活，才会让学生爱上学习，才能使学生核心素养落地生根。

比如，我校的"诗词歌唱，歌词化诗"选修课程，极富创意，将学生生活融入诗歌鉴赏、诗歌创作，并与文创用品、歌曲创作、诗歌朗读等校园生活有机结合，一切在选修课中产生的原创诗歌化为学生自编、自弹、自导、自演的歌曲，通过学生自行组织演出的音乐剧、演唱会得以呈现。在这项课程中，学生原创诗作 601 首、原创歌曲 9 首、原创 MV9 支、文创用品 7 类、诗朗诵推文 8 篇、艺术形式 7 种，计 621 位学生参与其中。围绕诗和歌的创作，在二中校园掀起了一阵阵诗乐交融的热潮，在学生的记忆中也变成了高中生活中极其绚烂的烟花！

又如，与时俱进的"航空航天"系列 STEAM 课程，它传承自我校 20 世纪 50 年代的"航模"活动，而在新时代呈现了新高度。今年，我校开发开设了航模、无人机、VR 航空航天课程，让学生们在"做中学"，切身感受科学知识的应用价值，激活学生的研究兴趣，引导学生变革学习行为，在实践中学习、了解知识的应用价值，体会知识的魅力。同时，学校还积极筹备无人机创新实验室，组织学生参加"登峰杯"全国中学生学术科技创新大赛，鼓励学生积极参加宁波市"科技新苗"活动，去厦门大学、东北大学、中科院宁波材料所等高校及研究所学习高阶体验课程，追踪高精尖前沿科技的必备素养，从而提升学生的核心素养。

再如，我们的生涯规划课程也极富时代的鲜活性。在新高考背景下，为更好地为学生选课助力，我们将生涯规划课程列入了学校的必修课程，以"学业—专业—职业"为线索向学生提供有效帮助。除了通过专业软件给学生做相应的专业潜能测评外，学科教师、高校教师、家长以及毕业的学长学姐都加入了课程的建设中。与此同时，我们还扩大教育空间，为学生寻找与确定专业方向提供有力帮助。我们在给学生提出"玩转月湖、玩转二中，享受学习"的生涯课程时，建立了"月湖寻宝"课程群，通过项目式学习，使学生找到兴趣点、优势点，找到成长过程中的生长点。同时，我们还建设了专业体验类实践课程，帮助学生深化专业认知，实现自我规划。现在，我校已经成为浙江省生涯教育发展联盟副理事单位、浙江省学生生涯指导大数据平台首批试点学校。我校专职的生涯规划课教师还在首届浙江省高中生生涯规划大赛中荣获特等奖，学校在大数据诊断下的生涯规划指导方面有大胆的尝试，并在全国校长高峰会上推广。

总之，学校以学生发展需要为出发点，构建适合学生核心素养发展的课程体系，建立更加完整的课程选择、实施、评价制度；构建开放的课程资源平台，创建高附加值、高品质的课程，为学生全面而有个性的发展奠定基础。

"小校园，大学校"是我们一直以来追求的目标。整个月湖景区都可以是二中的课堂。因此，宁波二中"月湖寻宝"特色选修课程应运而生，依托月湖这一独特平台，我们创建了"月湖寻宝"系列课程群、"月湖印记"社团文化、"寻梦月湖圆梦二中"校友寻访等子模块。这些课程不但让学生的学习内容更加丰富，还帮助学生进行初步的职业体验，通过参与"月湖寻宝"的各类课程和实践，不少同学真的寻到了"宝"，很多学生对自己未来有了更清晰的认识，不少学生通过参与活动发现了自己的兴趣点和潜能，并将此作为大学报考专业的重要参照，让学习落地生根。

比如，"天一阁文化通论""数学应用""Follow Me——A Tour around the Moon Lake""月湖环境·探索与发现""月湖植物志""话月湖，品竹韵""月湖观天地""定向月湖""月湖景观建筑赏析与摄影""'做中学、做中创'——月湖建筑模型制作"和"打造湖畔最美声音"11门课程，每个学生通过自主选课，选择一门课程修习，在认真学习课程并完成一定的闯关学习任务后，通过考核，可取得学分。通过几年的努力，"湖畔歌声""月湖摄影""航模表演"等社团活动深受学生喜爱，"月湖植物志"等课程获得了省级精品课程。

有学生感叹，在二中三年，感受到的、学习到的，远比收获前程似锦更为珍贵，因为在二中，能真切感受到自己的成长，能真切感受到生命的勃发。

果子红了

我们耳熟能详的一句歌词："生活不止有眼前的苟且，还有诗和远方的田野。"毋庸置疑，它在鼓励人们寻找诗意，寻找海德格尔口中的"诗意的栖居"。但我认为这种表述有待商榷，"不止"与"还"的逻辑存在矛盾，阐释的观点是说诗意是生活之上的，诗意是超越现实的，似乎诗意和现实是背离的，获得诗意就必须逃离现实的生活。我认为，这是一个谬误。中国古典诗论认为，诗可以"兴发感动"，即诗歌是表达内心情感的，它应该是对生活、对生命的细腻感受和表达。因此，诗歌、诗意是不能脱离生活的，脱离了现世生活的诗歌将坠入虚无，如同无根之花、无水之萍，失去了真正的生命力。

所幸宁波二中的语文教师们意识到了这样的谬误，并且用极其诗意的方式给诗意正名。"果子红了"就这样在二中的校园里扎下了根。

"果子红了"源于宁波二中语文教师韦琳老师牵头的一个课题。当初，韦老师希望学校能支持她申报一个课题，一个更像是圆梦的课题。她告诉我，她幼时看琼瑶的电视剧《几度夕阳红》，剧中主题曲唱到"且拭今宵泪，留与明夜风"，不知道为什么，"拭"字莫名就触动了她的心弦，那时她就想，倘若把"拭"改成"擦"或者"抹"会不会更好，或者换成其他说法呢？琢磨来琢磨去，她发现这一改，不仅歌曲的意韵减了不少，唱起来也不怎么顺口。不仅如此，韦琳更发现，"擦"让人联想到粗拙和笨重，而"抹"却显得随意和散漫，唯有"拭"字能准确传递出那种轻缓和凝重的感觉，也只有这种轻缓和凝重才能契合歌词中那种青山依旧、人生易老的苍凉和感伤。也许就是在那个时候，韦琳意识到好的歌曲是能表达一种生命的细腻状态的，歌应该有诗意，"诗歌互化"在她心里种下了第一颗种子。

后来韦琳在学校开了选修课，作为一位语文教师，她更能体悟诗词中的婉转千回，于是她给学生们听李商隐的《别亦难》，听柳永的《雨霖铃》……不仅仅是古典诗词，还有一些现代诗，如周云蓬根据海子诗歌改编并演唱的《九月》、根据顾城的《安慰》改编的《青青的野葡萄》……几年后的某天，周云蓬到宁波开讲座，还开了一场小型演唱会，韦琳带着一个学生去听。散场的时候，韦琳在门口遇到以前教过的一个学生，学生说："今天晚上他要唱《关山月》呢，老师您以前上课给我们放过这首歌。"韦琳很意外。原来那些教过的诗和歌，在很多年以后，还会被学生记得。于是，韦琳开始筹备"诗词歌唱，歌词化诗"这一课题，同期开始推进"果子红了"这一活动。之所以取这个名字，是希望诗歌能像那恣意生长的山野果，在这所校园里生根、发芽，最终硕果累累。

遥想20世纪80年代，诗歌曾经是年轻人生活的一部分，人们不断体味着生活，叩问着灵魂。也不知道从什么时候起，诗歌变得不合时宜，变得曲高和寡，变得小众而低调。也许有人会问，诗有什么用呢？就算学生在多年以后依旧记得课堂上念过的诗句，就算他们将来也写诗，但这有什么用呢？我们实在没办法给出一个公式一样明确的答案。也许是月湖千年的浸润，也许是文人风雅持续的熏染，二中人始终觉得，读诗、写诗并非为了成为一个诗人，而是希望通过诗歌获得诗人的智慧和趣味，用诗意去体会生命的喜怒哀乐，用诗意去包容生命的起伏跌宕，获得一生中无穷的安慰。人生有很多琐碎的东西把我们曾经坚定的东西挤压、捏碎，我们总要有些东西去支撑内心，让自己不至于变形，让我们不会忘记出发的原点。

诗歌就应该是这样的存在。如果一个学生能真切地感受自己的内心，能清晰地体会到每一天的意义和价值，如果学生能够和自己对话，发自内心地去学习，那他的学习就是深度的学习。因为，没有比人生、比精神更深刻的东西，没有比了解自己、懂得自己更深刻的命题。同样，我认为基于学生多元个性基础上的自我学习，才是真正意义上的自主学习。自主学习不仅仅是有学习文化知识的内驱力，有为实现自己目标不懈努力的意志品质，更有对自己生命的珍视、对美好人格的塑造和追求、对生活的重视和细致。所以，当韦琳老师提出这个想法的时候，我觉得这是一次很有意义的尝试和努力。

于是，在学校的支持下，韦琳和她的诗歌团队开展了一次次活动，也为更多的老师做课题开启了全新的模式。韦琳将这一活动分为了四站：第一站以原创诗歌、文创用品、文创市集为主要内容；第二站将诗谱成歌，策划原创音乐会；第三站是诗歌朗读、制作歌曲 MV；第四站是活动总结，即诗作、歌谱成集以及创作感受和宣传图文的整理。她还为每一站取了诗意的名字：花信有约、且听风吟、飞鸿印雪、月牙初上。

筹备整整一年，课题组在 2018 年 6 月 1 日，以一场盛大的"诗心嘉年华"拉开序幕，《浙江新闻》以"你知道'诗歌集市'吗？二中诗歌集市上吃货秒变小诗人"为题描述了这次诗歌盛宴。期末考试后的第二天，第二站且听风吟诗歌互化原创音乐会也如期而至。用二中师生的话说，第一站花信有约创意集市让二中师生感受到的是创意和走心，且听风吟诗歌互话原创音乐会则带来了震撼和感动，震撼于小伙伴们的才情，感动于一群有趣的人对诗歌和文学的执着。

《甬派》以"宁波高中生厉害了，业余爱好玩出省级课题"为题再次发表了点赞文章。一个校园活动居然接连受到两大主流媒体的连续报道，不得了！暑假里，课题组没有闲着，他们紧锣密鼓拍MV、出版诗集，当果子真红了，这个诗歌课题组也红了，《新侨艺报》发出了题为"诗有什么用呢？听听宁波二中怎么说吧"的长文，让许多读者在二中师生这场热泪盈眶、酣畅淋漓的青春盛会里找回了自己遗失的年少梦想。随后，《宁波文艺》再次以"'吃抹茶味的食物，将少女心塞进嫩绿的苦涩中'宁波二中居然藏着一群'天选诗人'"为题，掀起了一阵纯纯的校园诗歌潮。"果子红了"让老师们发现，其实喜欢写诗的孩子不少，也可能是一场活动引导越来越多的孩子发现了平淡生活中的诗意。"果子红了"诗吟咏可成歌，歌诵读可化诗，诗与歌再互化成生活的种种。

如果说花信有约创意市集是将诗意生活化，将诗歌糅进日常的用品中，那么且听风吟原创音乐会则是反向的，它把生活中的日常写成诗、唱成歌。我想，学生在这样的活动里，体验到的不仅仅是遣词造句的快乐和文字音乐营造的美感，更重要的是，"果子红了"用一个个鲜活的实例告诉学生，诗意就在生活中，就在当下，每个人都可以缔造属于自己的诗意生活。

这样的教学活动是立体而充满生命力的。它不再是教师选择、学生接受的传统模式，它把内容的选择和书写都交给了学生。学生学习的对象不再古板和教条，它们与自己相关，与生活相关。它们出自同侪、出自身边，出自这个时代，每一条都不再是需要穿透时光的体悟，每一条都是鲜活质朴的生命印记。

这项教学活动展现出了语文教师对教育常识的坚守，寓教于乐，教学相长。语文、音乐、美术、历史等跨学科的融合学习，是一种学习方式的变革。一谈学习方式的变革，我们往往想到智慧教育、想到运用网络信息技术的手段，实际上学习方式的变革应该是更深层次的观念的转变，让自主学习、深度学习发生在人的自然成长过程中。

宁波二中这所居月湖之上，千年弦歌不断的学校，用这样的形式继承、创新文人的诗意生活，这是一次有益的尝试。教师大胆探索教学方式的改变，并以此作为课题进行学术研究，可以克服职业的倦怠感。我们需要折腾自己，需要新的不断尝试，在这个过程中，享受工作的繁忙、成功与愉悦。

果子红了，不正是每一位教师最期待的教育美景吗？

"如果学生的智能优势、兴趣爱好和志向能够很好地重叠在一个点上，这个点就是学生人生的生长点，我们会努力帮助学生寻找这个点并发展之。"这是我在很多场合发言时都会说的话，也是引起很多教育工作者共鸣的话，更是我一直践行的教育理念。

四、等闲识得春风面：深度学习当无时无地不在

艺术当在学校的每个神经末梢

在实施艺术教育的过程中，我们发现了现实存在的问题，就要树立正确的价值取向，赋予艺术教育应有的地位，使艺术教育的功能真正发挥出来。

第一，艺术教育应成为学生进步的起点。

这是发生在我校的一个真实的教育案例：小小书画家们在台上展示自己的书画作品，校长充满激情地向全校师生做介绍，并宣布将作品悬挂于全校各处充分展示，接着，全校为校园书画家升起了神圣的"星光旗"。（注：学校每周推选在某一方面特别优异的学生作为当周的校园明星，在全校早会上为他们升的一面旗帜叫"星光旗"，升"星光旗"被学生视为至高无上的荣誉。）

这时，班主任老师发现了一个不易察觉的细节，班里成绩最差的一名女生眼中流露出异样的神情。班主任老师察觉到这是一次绝好的教育契机。那名女生以前练过书法，获得过重庆市书法大赛一等奖。班主任老师走上前对她说："你也提供一幅书法作品，我去向校长申请，让你的作品也挂在学校的墙上，也为你升一次'星光旗'！"后来，学校的走廊上果然有了这个女孩的多幅漂亮而大气的书法条幅。班里的许多科任教师也明显感觉到了女孩的变化："不错，笑容多了，说话也大声了，自信了，学习有进步了！"

学校有一幢楼，一层到五层的楼道墙上展示的是学生日常的美术习作，看起来略显粗糙和稚嫩，美术教师们却固执地把它们装上木制镜框，悬挂在那里，并且经常更新学生的作品。他们自有道理："这些是孩子们的创作，虽然不精美，很幼稚，但对孩子来说这是最好的。"孩子们喜欢，老师们也对孩子们的创作珍爱无比。艺术给了学生创造的灵感，为学生搭建了展示才华的舞台，让学生在蓝天下自由地飞翔。

第二，艺术教育应成为学生发现、感受和创造美的原点。

在有的学校里，音乐代替了铃声，艺术家精美的书画和摄影佳作不时映入我们的眼帘，从草坪、花台的音箱里定时飘出跃动的音符，这些都是一种表象的艺术氛围，艺术教育的内涵在哪里呢？在听过解放军艺术学院周荫昌教授讲的"艺术教育与素质教育"后，我茅塞顿开。他用大段的时间让我们聆听不同版本的同一首歌曲、同一题材国内外不同的演绎版本，我顿悟到每一个艺术作品都有其不同的厚重的历史背景，不是任何一首歌曲都是艺术作品，校园文化不等于社会文化、大众文化，校园文化也不等于学生文化。不是任何一首歌曲都能在校园内播放的，不是学生喜欢什么歌曲，学校就播放什么歌曲。我们提供给学生赏析的必须是精美艺术佳作，必须是我们的教育方针所提倡的主流文化。

艺术教育必须具有陶冶思想的作用，否则就不是艺术教育。我们用斗志昂扬的歌曲去激发学生内心深处的热情和力量，用舒缓优美的音乐去缓解学生内心的焦躁与紧张。

为学生提供高质量的艺术作品，就是让学生做心灵的体操。中学阶段不是让学生学多少艺术的理论知识，而是让学生能发现美、欣赏美、感悟美，从而追求美、表现美、创造美。对待学生我们犹如呵护绿叶上滚动的露珠，在浩如烟海的艺术领域中，我们精挑细选，让学生吮吸艺术的琼汁玉露，在听、看、体验、享受中，让他们顿悟人生的多彩，培养他们的艺术气质和做人的高贵品质。

第三，艺术应成为学校文化的一种气质。

艺术是相通的，不仅体现在艺术各门类，还体现在艺术与其他学科之间。重视艺术教育的学校，艺术教育必然会自然融入所有学科教学之中，浸润于师生的歌声、舞步与书画作品中。重视艺术教育的学校，师资培训可以是观看一场高质量的舞台演出或精美的艺术作品展览，也可以是一次摄影大师的佳品赏析或经典电影欣赏。

艺术教育成功的学校，每个地方、每个角落的环境设计都能体现出艺术的典雅，师生的言谈举止蕴含着艺术的优雅，师生的志趣爱好彰显出艺术的高雅。艺术品位高的教师，其服饰、发饰不会成为学生私底下的笑柄，他们会赢得更多的尊重。艺术修养高的教师，课堂上神采飞扬、魅力无穷。

艺术教育是立体的、全面的、深入的、细致的，艺术的真善美渗透于校园的每一根"神经末梢"。具有艺术气质的学校，才能培养出具有艺术气质的教师和学生。让真善美叩开师生的心扉，让师生焕发人性的光彩，这才是艺术教育的价值所在。

让研究性学习走向深处

研究性学习是二期课改中强调的教育改革的新内容。这项内容的中心是关注学生的亲身体验与经验，倡导使学生积极主动地参与学习。学生在参与中与他人进行对话与交往。研究性学习赋予学生主体地位与自主权利，引领他们张扬自己的个性情趣，实现学习方式由单一的接受式学习向自主、合作的探究式学习转换，在转换中认识自己，了解社会，发掘自身的智慧和潜能，亲身体验学习的快乐。

随着研究性学习探索与实践的深入，我们发现学校制度化的保障和支持对研究性学校的发展有着十分重要的作用。因此，学校设置了专职教师对高一年级进行研究性学习的教学。同时，对研究性学习进行阶段性规划和设计，逐步推进。第一阶段，学习课程理论知识，并且安排学生听讲座，在图书室查阅资料。第二阶段，高一年级学生申报课题，与教师共同探讨研究性学习的实践。第三阶段，学生展示成果。这与学生的演说技巧有关，教师平时上课就注意锻炼学生，如课前新闻、课前小故事、课前小品，等等。

在探索中，研究性学习活动形式逐渐形成了三种类型：课题化研究性活动形式、学科化活动形式、研究性学习的课堂教学模式。

课题化研究性活动形式在课程内容的开发上，贴近学生学校生活和社会生活的现状，关注自然界、社会、生活和人自身发展的问题，注重社会实践中的问题发展；在课程的组织实施形式上，以通过综合实践活动发展的问题为中心开展学习，放手让学生发挥主观能动性，以活动小组的形式参与社会实践。比如，关于中学生情感问题的调查报告、校园设计方案、关于城市酸雨污染的调查与思考、交通的调查和研究，等等。

案例1 关于交通的调查与研究

学生由"中江表妹"李永玲在高速公路上发生交通事故联系到生命的可贵，由学生对其调查研究并向其他同学展示研究成果。在研究的过程中，学生充分发挥了自身的能动性和创造性。有的学生做成课件，当了回小老师；有的学生表演了交通方面的小品；有的学生善于观察，收集了交通标志，并研究其含义以及道路设置交通标志的依据；还有的学生实地考察，发放调查表。在这个过程中，学生体会到了交通安全的重要性，增强了安全防范意识。

老师由这个研究案例延伸到对校园路标设立的研究上，鼓励学生发挥想象力和创造力，为学校设计路标。学生的积极性很高，纷纷拿出自己的研究作品，为铁中的校园文化添风采。

学科化活动形式是教师为改善学生的学习方式，将研究性学习的理念和方法引入学科教学中而开展的各种教学活动。这对于提高学科教学的成效有重要的意义，有利于学生更好地掌握学科知识。比如，高中生阅读情况调查和分析、中西文化习俗比较的研究、对含碘食盐的调查和研究、各种洗涤剂对生物的影响，等等。

案例2 关于对加碘食盐的研究

学习了高一化学"卤素"这一章，学生对卤素产生了很大的兴趣，如碘酒可以为皮肤消毒，碘可以防止甲状腺肿大，等等。但它们的由来，以及其用途的原理是什么？它们在日常生活中被人们了解的程度如何？带着这些疑问，学生怀着探究的热情和兴趣，在老师的指导下，采用文献研究法、市场调查法、实验法等进行了有益的探索。

研究性学习的课堂教学模式是当前众多学校热衷的一种学习模式，即在一节课中铺设问题情境，让学生提出问题，然后引导学生讨论、探索研究和解决问题的学习过程。这种将研究性学习与各自的学科教学紧密结合起来的教学方法虽然值得提倡，但是如果忽略了学生走出课堂、走出校门的自主探索学习活动形式，那么研究性学习就将背离它的初衷，而被纳入"应试教育"的狭窄轨道，终究是没有前途的。反过来，如果研究性学习的课堂教学与走出课堂、走出校门的研究性学习密切结合，则研究性学习的课堂教学模式会更加体现研究性学习的价值与性质。因为，研究性学习的最终目标是培养学生的创新实践能力和探究精神。

研究性学习，无论是作为一种学习方式，还是作为一种课程形态，在二期课改中都有着独特的、不可替代的价值。学校所倡导的"研究性学习"课程不仅能转变学习方式，还能通过转变学习方式来促进每一个学生的全面发展。它尊重每一个学生的独特个性和具体生活，为每一个学生的充分发展创造空间，洋溢着浓郁的人文精神，体现着学校的课程精神文化。

研究性学习的推进仅有专职教师是不够的。研究性学习涉及多学科的交叉和渗透，专职教师远远不可能达到门门课程都了解、都通透的地步，还应该有学科指导教师、课题指导教师、过程方法指导教师等。专职教师主要从事理论教学，负责研究性学习过程中的学生管理、课题开题论证和结题汇报的组织工作，以及收集课题研究资料的指导工作。多种类型教师的参与，有助于拓宽学生选题范围、激发学生研究兴趣，也有助于学生发现和发展在某些方面的潜质。

研究性学习应坚决防止学科化。研究性学习既是一种学习方式，又是一种课程形态。可在我们传统的教育观念里，往往把课程等同于学科和教材，由于教学习惯，常常出现以学科教学形式实施研究性学习的现象，甚至存在教师包办和代替研究性学习的现象。其实，研究性学习的教学目标本应是学生在与教育情境的交互作用过程中所产生的目标，教学内容也本应是学生自主选择的课题。所以，我们必须认识到，学科化倾向最终可能导致的是忽视学生学习的过程，以及在过程中所产生的丰富多彩的、活生生的研究性体验，大大加重学生的学习负担，这在根本上是背离研究性学习的价值追求的。这些都是我们在教学实践过程中应该思考并加以避免的问题。

构建课堂教学新形态

从 2006 年课程改革开始，宁波二中就积极探索有利于学生学习的选课走班制度。从一开始的音体美"因趣分群"的走班，到文化课"因能分层"走班，再到新高考背景下既分类又分层的走班教学等，我们走过了探索、实践、修正、完善的渐进之路。与走班形式相配套的学生管理、教学管理、评价体系也随之变革，沉稳而有力地找到适合学校走班教学的架构模式，适应学生课程选择与高考选课的走班模式渐趋成熟。

在新课改、新高考不断推进的同时，基于信息技术的互联网、大数据、人工智能等新技术也迅猛发展，给学校教育教学改革带来了深远的影响。学校平台化、学习个性化成为教育的新特质。学校积极探索基于大数据的教学研究，依托互联网，重构学校新的课堂生态。2011 年，我校被列入全国百所数字校园示范校建设项目，2012 年成为宁波市首批数字化校园示范学校，2014 年被确定为宁波市首批智慧教育试点学校。在上级行政部门的大力支持下，我校一直走在智慧教育的最前端。

一是全覆盖资源型的 PAD 教学使教师施教形成"场效应"。

从 2014 年开始，我们选择一个班级试点"错题采集""翻转课堂"教学，并在"云录播"技术应用的支持下，多次组织公开课和研讨会，初步积累"互联网＋"教育的经验，到 2016 年一个年级的推开，到 2017 年两个年级的使用，到目前新高一正在启动，我校 PAD 教学将实施全覆盖。全覆盖的形态有利于教师在备课施教中集中精力，持续用力，更能使教师在 PAD"教学场"中互相激励，使 PAD 教学稳稳推进。

同时，建设二中教学资源库。充分利用宁波智慧教育云平台的资源，把互联网端的海量资源转化为学校的学科教育资源，培养教师使用互联网的习惯。在宁波智慧教育"百千万优秀空间"建设活动评比中，我校机构空间和教师空间双双获奖，学校空间获"优秀机构空间"奖，钟爱萍、程菁华老师获"优秀教师空间"奖。

二是以行动研究为表征的教学研讨推动着智慧课堂。

智慧课堂若要持续推进发展，教学研讨非常重要。我们采用行动研究法，连续四个学期围绕 PAD 教学开设智慧课堂全校性研究展示课，全校学科教师围坐一起探讨某一环节使用 PAD 或使用传统手法分别有何优缺点，在比较中取舍，在取舍中归纳，围坐一起的教师有正在使用 PAD 的老师，也有尚未使用的老师，他们互相切磋、互相碰撞，将探讨引向深入。

我们还进行"智慧课堂"教学论坛，备课组代表基于实践的体验与反思，或是关于操作层面的，或是关于总结层面的，参与论坛者的"头脑风暴"引发我们更深入的实践。

我们还收集、编制"智慧课堂"课例集，以"学习—反思—跟进"式的教学研究，激发教师提升运用智慧教育手段的动力。同时，学校鼓励教师去省内外开设运用 PAD 上公开课。近两年，已有十几位教师在省内外开课，这既是历练，又是眼界的开阔和学习，对形成适应新技术变革的教师梯队有重要的作用。所有这些教研行动有力地推动了智慧课堂的实践。

三是教学流程的再造，拓展教学时空，提高学习效率。

PAD 教学的实施使教学流程得以再造，拓展了教学时空。它使课堂起点提前，结束延后。课前，微视频的推送使课堂前置，学生的自主学习加深了学生的深度学习；课中，教师更早了解学生学习情况，教学的起点更加精准，而课堂上互联网带来的便捷的交互性，使师生互动比传统课堂更加及时和频繁。同时，PAD 本身拥有的模糊投票的功能使学生的反馈没有了对错压力，更真实地反映了学生的学习情况，教师对学情的把控更为清晰；课后，学生在学习中遇到的困难又能以"点对点"的方式推送给老师，获得老师的指导，老师批改作业后发现的错误，也能以"错题类推送"的方式有针对性地推送给学生，使学生的学习不再囿于课堂一方天地，极大地提高了学生的学习效率。

从 2016 年 7 月 1 日至 2018 年 11 月 7 日，各位老师共向学生分享微课 761 个，微课观看量 22048 次，分享资源数 3356 个，资源观看量54825 次，互动量 6796 次。我们通过调查获得反馈，学生及家长反响热烈，大家一致认为"智慧课堂"的作业提交批改、同步微课的学习、互动平台的应用大大提高了学生学习的效率。另外，我们还通过与"智学网"的结合，把学生在学习过程中出现的知识漏洞和思维能力偏差通过大数据分析，为学生推送个性化的作业。

四是微团队合作学习的开展，促进学生的深度学习。

互联网使学生学习的微团队组建成为现实。学校鼓励学生组建学习微团队，使他们在微团队中互相激发、互相促进、自主合作、共享共赢，提升学习能力。同时持续推进学校平台与学习资源再造，引入即时评价，使学生的学习更加精准，发展更加主动，从而实现校内校外、线上线下无缝隙学习对接和贯通，使学生在核心素养的自主学习、合作学习、相互促进方面，发挥了更加突出的作用。

在前期积累的基础上，我们紧扣学生核心素养的持续提升，积极构建和推进高阶课堂，为学生领航、为课改赋能，自觉担当培养学生研究素养和创新能力的使命，主要措施包括以下几个方面。

一是推进 STEAM 课程教学。紧紧围绕学生核心素养的提升，有序推进学校 STEAM 课程的开发，倡导更多教师参与 STEAM 的课程设计与课堂教学的 STEAM 研究。目前，我校与高校、职业技术学校等合作，开发开设了部分 STEAM 选修课程，主要有"航天测控网 VR 课程""工业产品创新设计""古韵遗风木工手作""机器人编程与操作""3D 打印理论与操作实践""建模理论与实践"等。通过 3D 课程的学习，学生胡晓帆作品《追逐梦想的我们》在 2018 年宁波市中小学电脑制作活动中荣获微电影高中组一等奖、学生鲍力宁的作品《"Innovation"—How4rd.com 个人主页》

在 2018 年荣获网页设计高中组三等奖。围绕航模课程，有 12 位学生取得使用航空模型飞行员执照，并在浙江省第三届体育大会航空模型比赛中荣获一、二、五名的好成绩，航模团队 11 人次在第二届"登峰杯"全国中学生学术科技创新大赛机器人竞赛初赛中荣获三等奖。2018 年，我校经教育局同意设立"宁波二中航空航天班"。根据我们的培养规划，STEAM 课程成为一个很好的抓手，引导学生开展融合性、项目式、合作与创造性学习。

二是推进学术素养提升计划。学校十分重视学生的科学素养，以各种方式为学生搭建平台。比如，学校已在 2017 年 6 月、2018 年 6 月两次举办有 180 名左右的高一学生参加的学生学术分享会。每次分享会均有 30 余项小课题或实验项目供学生选择，以小研究、实验报告、探究型作业报告等方式予以呈现，极大地调动了学生的科学探究兴趣。在此基础上，学校将继续开展学术素养提升计划，继续拓建校外实践基地，在深化与现有校外实践基地的基础上，寻求与高校、科研机构的新合作，加强高中学习与现实世界的联系，全面提升学生的学术素养。

课程改革已成为学校持续发展的"发动机"。在课改的推动下，学校文化精神得以系统梳理，学校办学定位更加切实明晰；围绕课程改革与高考改革的各项绩效规章被重新调整，现代学校制度建设得以深入推进；高品质课程被不断打造，为学生成长持续赋能；智慧型课堂正在构建，师生零距离、资源无边界、学习全时空的良好氛围正逐步形成；教师成长的平台不断在搭建，做学生发展需要的教师的理念深入人心；校园环境不断优化升级，为学生成长提供了有力的支撑。学校实现了以教育新旧动能转化为驱动的内涵发展和品质发展，深度提升了学校的办学品质与教育质量。

第四章

打开心窗葆有生命的鲜活

在电影《放牛班的春天》DVD 的封套上，师生的合影很特别，孩子们在中间，老师们站在两边。一张师生照，照出了以生为本的教育观，也照出了教师在学生发展中引领、陪伴、护航的作用。真正的教育是用生命影响生命，是回首时满载幸福的终身事业，是不经意间收获小小惊喜的点滴瞬间。教师就是这样一群书写生命、发展生命、成就生命的人。

一、鲜活的人离不开文化之水

教师文化如水般柔中带刚

文化对人行为的引领作用，自古以来就是不言自明的真理。教师文化对教师教育教学行为的引领，以及它对学校教育教学活动的开展所起到的作用，都是不可小视的。教师文化是学校文化的核心文化，在促进学校不断发展的过程中扮演着不可替代的作用。

教师文化是教师在教育教学活动中形成与发展起来的价值观念和行为方式，它具有独特性、导向性、可变性等特征，一般可分为三个层次：一是教师的思想理念层次，包括教师的职业意识、角色认同、教育理念；二是价值体系层次，包括教师对教育的价值取向和教师对实现人生价值的价值取向；三是行为模式层次，包括教师的文化习得与传递、累积与选择过程、教育教学技能技巧等。这三个层次构成一个整体，推动教师文化建设的开展。

学校应建立一种怎样的教师文化？这是校长在办学过程中必须要思考的问题。人的思想决定人的行为，同样，教育理念也决定着教育行为。

在具体的教师文化建设过程中，我们始终秉持用文化涵养师德的大原则，引领和推动教师树立终身学习的理念，树立面向全体、尊重差异的理念，树立合作、创造性学习的理念。优秀教师应不断为自己"充电"，了解教育的新形势，把握教育的新观念，紧跟教育的新进展，才能自如应对信息来源广、知识面宽、求知欲望强的学生；才能使自己所教学科保持新奇与鲜活；才能在教学中有创新精神，使自己的教育达到理想的效果。优秀教师会灵活运用，因材施教，平等对待每一个学生，为学生的自主发展创造足够的选择空间，也会加强对中等生落后学科的补差、补缺工作，同样对学习困难的学生会针对其学习态度、方法等方面做指导和矫正，让每一个学生都能体验到成功的喜悦。优秀教师也会清楚认识到，教育不是单打独斗，需要集体协作，以教师的合作促进学生主动的、富有个性的学习。

用文化建设引领教师专业成长。文化影响教师的综合发展，外自形象外表，内至知识能力和人格素养，最终汇集到教师的专业成长上。

教师要有教师样，那么什么是教师样？教师要有端庄的仪表和得体的教态。言传身教，教师的外表，包括衣着、发型、言谈、举止等对学生发挥着潜移默化的影响，教师的外表形象实际上参与了教书育人的全过程。教师的仪表端庄整洁、大方得体，并不是禁止教师装扮自己，一个有着良好形象的教师绝不会是一个不修边幅的人。教师不应该是这个崇尚美、追求美的现代社会的落伍者，他们也需要有美丽的外在形象，但关键是要把握好一个"度"——既有时代气息，也有学者风度。教师要有得体的教态——反映在他的语言、举止、动作、神态等方面。课堂上，教师除了用语言直接传达信息外，他的一举一动、一颦一笑也在间接地向学生传达一定的信息。优美大方的举止、神态不仅是一名教师良好修养的体现，还能给学生以美的享受，从而提升教师自身的魅力。教师在教学中配以适当的身体语言，如手势、表情、眼神等，还能收到意想不到的教学效果。很多优秀教师在课堂上都是善于运用眼神的"高手"，教师的目光应当是亲切、随和、富于变化和神采的，恰当地运用富于表情的双眼，能使他的形象大放异彩。

教师要有较为完善的知识结构和能力结构，这是树立教师良好形象的关键和核心。有人把教师的知识结构概括为三个方面：一是本体性知识，也就是我们常说的学科知识，即教师对所教科目的理解；二是条件性知识，指教师所具有的心理学与教育学的知识；三是实践知识，指教师所具有的课堂情境知识以及与之相关的知识，或更具体地说，是教师教学经验的积累。一位优秀的教师应当是将这三类知识集于一身的教师。只有拥有了精深的学科知识，系统的教育学、心理学知识，以及丰富的教学经验，教师才能在课堂上挥洒自如，引导学生在广阔的知识海洋中遨游，成为一位深受学生爱戴和信赖的"魅力之师"。教师应当不断充实自己，紧跟知识发展的趋势，建立较为完善的知识结构，满足学生的各种知识需求。除此之外，广博的科学文化知识也是不可缺少的。新时期的教师应当具备广泛的文化素养，他的知识不能只局限于自己的学科领域，应该广泛涉猎其他领域的重要知识，渊博的学识和广阔的知识视野一定会为良好的教师形象增色不少。

一般来说，我们认为教师应当具备以下三个方面的能力：教学能力、组织管理能力、创新能力。组织管理能力是教师能力结构中重要的组成部分。学校作为专门的人才培养场所，它的一切活动都是围绕这个目标有计划、有目的地开展的，这就决定了教师的工作有较多的管理成分。不仅如此，在具体的教育教学活动中，教师也充当了组织者与管理者的角色。比如，在课堂教学中，教师要组织学生开展课堂活动，班主任的工作更是离不开对学生的组织管理。另外，教师还要充分占有各种教育信息，合理运用时间，及时调控自己的情绪，注意搞好自我管理。可见，一个缺乏组织管理能力的教师是很难胜任学校教育教学工作的。除此之外，创新能力也是新时期教师需要具备的一项基本能力。知识经济时代，教育的核心是培养具有创造思维和创新能力的人才，这就要求教师也要具有创新能力，如有创造性的教育思想、能灵活运用各种教学方法、能创造出最佳教学情境等。

教师要有高尚的道德修养和独特的人格魅力。教师不仅要传授学生知识，更要教给他们为人处世的道理。教师的楷模作用不仅表现在学识上，更表现在人格和心灵上。中学教师所面对的是一群个性和品德都处于形成时期的青少年学生，教师的一言一行都对学生有着强烈的示范作用，是学生模仿的对象。教师自身的道德修养，将对学生产生直接的影响。如果说拥有高尚的道德修养是优秀教师的共性，那么他们也有各不相同的个性特点。例如，在学生眼中，有的教师温文尔雅，有的教师风趣幽默，有的教师稳重严肃，有的教师活泼开朗……这就是教师的个人魅力。这种个人魅力实际上是教师独特的气质、风度、个性、情感等的综合表现。塑造独特的个人魅力是树立教师良好形象的重要环节，在这一点上，教师要善于扬长避短，更多地展现自己个性中积极向上的一面，避免把个性中消极的一面呈现在学生面前。

如何在文化建设中实现教师的专业成长？教师真正的发展来自教师知识、能力和素养的全面提升。学校通过制度建设引领教师形成合作反思、共同发展的文化氛围，在这种氛围的熏染下进一步推动教师的专业成长。具有做法包括以下四种方法。

一是以"导师帮带制"促进教师合作成长。学校的发展是一个传承的过程，一代又一代优秀的教师群体支撑着学校的进步。因此，如何培养青年教师，让他们尽快成长起来，是学校能够长足发展的关键。青年教师的成长，除了自身的努力外，还需要有丰富经验的教师的点拨与帮助。但自发式的帮带在很大程度上依靠的是教师的个人素质，缺乏规范性、科学性、连续性，对青年教师的成长来说缺少一个科学的平台。这时，学校应有意识地安排青年教师与经验丰富的骨干教师结对成为师徒关系，搭建制度化帮扶平台，通过制定《教师结对子帮带协议书》对指导教师和被指导教师的责任做详细而科学的规定。有了明确的措施做指导，指导教师的帮带更有实效性，青年教师的教学能力和水平得到很大的提高，缩短了自身的成长周期，同时指导教师在指导青年教师中反思和发展，从而进一步提高自身业务水平，形成良性循环。

二是以"教师成长评价制"促进教师反思成长。教师工作是一种专业化的职业，每位教师都需要不断地反思、总结与改进自己的教育教学，每位教师都有在教育教学的过程中不断发展的内在需求和可能性。学校应建立完善的教师评价机制，积极为教师提供关于教育教学的反馈和咨询信息，帮助教师反思和总结自己在教育教学中的优势和薄弱之处，分析产生问题和不足的根源，探讨克服缺陷、保持优势的措施与途径，从而不断改进教师的教育教学实践，提高教师的专业发展水平，指明教师个人未来专业发展的努力方向。评价对于教师而言，是一个检验自我的机会，一个自我完善、自我发展的过程，是对教师工作的具体指导与帮助。传统的以奖惩为目的的教师评价制度是一种面向过去的总结性评价，它在保证学校正常的教学秩序和稳定的教学质量方面具有重要作用。但同时，由于其强烈的功利主义色彩，促使教师只关心自己所教学科的学生学习成绩，对学生的全面发展不太关注，从而也给教师造成了沉重的心理负担，不利于教师成长。学校应建立有利于教师成长的评价体系，关注教师自我发展的需要，使教师成为"一汪活水"。学校教师评价方案应充满人性的关怀，坚持以"教师为本"的管理理念，尊重、理解、信任教师，变静态、单一的评价方式为动态监控、立足现实、全程评价、注重发展、着眼未来的多方位、立体式评价。理想的评价方式应重视教师的自我评价与反思，重视学生对教师的评价和教师之间的互动评价，重视对教师日常工作的评价，重视对教师教学质量的评价，重视对德育效果的评价，让教师既看到自己的不足，又看到自己的进步与成长，从而最大限度地挖掘教师的潜力，更好地促进教师的专业发展和提高教师教学服务水平，更好地促进每一个学生的持续发展，努力达成一种"评价—反馈提高—再评价"的良性循环，努力提高学校管理水平，有效提高学校办学质量。

三是以成长经验分享促进教师成长。所谓教学反思，就是教师以自己的教学活动为思考对象，审视和解剖自己的教学策略、教学行为、教学过程及结果等，做出自我批评、自我否定、自我改进；它是以思维活动的结果为思维对象，对自己的思想、心理感受的思考，对自己体验过的东西的理解、提升。教学反思不是一般意义上的回顾，而是反省、思考、探索和解决教育教学过程中各个方面存在的问题。以反思更新教育理念，就是在教育教学过程中善于思考，遇到棘手问题首选要思考我们的教育理念是否真正体现了"为了学生的发展"。以反思优化教学过程，就是要充分思考课堂教学中的每个环节，教师的教法是否满足学生的需求；是否充分调动了学生的积极性，让学生自发主动地学习；是否体现了师生互动，教师是课堂的"主宰"还是扮演了"组织者、引导者、合作者"的角色，学生是否以自主、合作、探究的学习方式学习，等等。以反思促进教师发展，就是要求教师在教育过程中不断总结、提升一些成功的做法、经验，从而发现规律；更要反省、思考一些教训、不足，探索更好的解决办法，做到"吃一堑，长一智"，这样教师就会不断地自我发展和自我完善。

四是以"进修学习制"促进教师的学习成长。"问渠那得清如许，为有源头活水来"，只有不断学习别人优秀的教育教学经验，才能看到自己的不足，才有进步的可能。学校清醒地意识到这个问题，将派教师外出业务学习作为一种制度定下来，贯彻"按需培训、学用一致、注重实效"的方针，坚持"以在职为主、多种形式并举、培养与使用相结合"的原则，制定相应的教师培训管理制度，规定教师外出培训的形式、有关程序、经费管理、权利和义务，保护、调动和提高教师外出培训的积极性，并监督、检查、考核各学科教师外出培训规划及其实施过程，有效地保障了教师的终身学习。

教学即研究，研究即文化

很多时候，我们都把教学研究看作一项活动或者一个项目。可是，如果我们仅仅把教学研究当作一项具体的活动或者项目，就无法捕捉到教学研究过程中的创新性与艺术性。其实教师的日常教学本身就是一项项的活动或者项目，但为什么这样的活动或者项目并没有产生研究成果呢？虽然教师在日常教学生活可以积累教学经验，但主要是对学校规章制度的遵守，对别人教学经验的借鉴，自己很少去探索教育教学过程的内在经验，更是缺少对教育教学过程的重构。所以，教育教学过程需要的并不是具体的活动或者项目，而是对教育教学过程进行探究与创新的文化与精神。从探究文化的角度去审视教育教学过程，甚至有组织性、有计划性地去研究与设计教育教学过程，正是学校教育教学研究的核心使命。

学校教师的教研活动属于精神活动的范畴，是真正意义上的文化活动。学校文化建设的核心就是建立一种促进教师学习和思考的教研文化，营造一种学习和研究的校园氛围。它是以校本教研为依托，以行动研究为核心的一种教师行动文化，其目标是建立以校为本的教研机制。教研文化应定位在校本的、行动的研究，它不同于教育专家和科研人员的理论研究，它是基于行动和事件的教学反思，它的目的不是探索教育规律，而是解决实际问题。我们要树立教师即研究者、教学即研究的观点。指导教师从行动研究开始，关注身边发生的教育事件和教育问题，特别是自己亲身经历过的教育过程，通过不断梳理，发现问题，得出自己的见解和结论，指导自己的教育教学实践，开展"草根研究"。

教研文化建设以教研组为实体。教研组是校本教研的基层组织，是开展校本教研的实体，也是教师专业化发展和校本教研的主要依托。从某种意义上说，教师专业化发展的愿望是否强烈，专业化发展速度的快慢，教师之间专业化发展水平的差距能否缩小，都取决于教研组教研活动质量与水平的高低。因此，可以认为，加强教研组的建设与发展，是推动学校每位教师专业化发展的一个有效抓手。

重构教研制度催生学校教研的新范式。教学研究有着与教学实践不同的特性，这就需要我们为教学研究的开展提供与之相适应的制度，为构建适合教学研究的新范式提供制度保障。邀请听课制与项目研究两项新型的教研制度是我们的一次尝试。邀请听课制，就是让学校一级及一级以下级别的教师，在学期内必须邀请"一定数量"的同事去听自己的课，至于什么时间去听，以及去听什么内容，听完后如何听取他人的意见，均由教师自己安排的教学交流制度。学校主要考查一级及一级以下级别的教师是否邀请到"一定数量"的同事就可以。通过邀请听课制的实施，达到了几方面的收效。一是对教师个人来说，由于什么时候听课，听哪一堂课，邀请什么人来听课都是由自己决定的，在情感上他们就更具有主动性，在开课内容上更具有针对性，在活动的安排上更具有经济性。二是对于听课的人来说，既然别人是真心诚意地邀请你去听课，别人真心想听取你批判性与建设性的意见，倒逼教师不但要提高自己的教学水平，还要提高自己的教学理论水平，这就意味着对于课堂教学，教师不但要知其然，还要知其所以然。三是可以增进教师间的人际交往关系，为了请到一定数量的教师来听自己的课，教师就必须主动与他人交往、交流。大家在彼此课堂上的"走动"多了以后，课后的讨论与交流多了，课余的活动也多了，教师间的关系也更为融洽了。

项目研究是一种新型的教研组织形式。课堂教学的分散性与班级教学的独立性，使教师总是处于应对每节课、应对课堂教学的状态，难以系统地研究学科教学，也难以有团队共同研究学科教学的机会。在这种情况下，本着"问题就是课题"的原则，我校注重教学研究的实效性和针对性，以教研组为载体，在学校开展项目研究，通过为教师或者教师群体设立独立的研究项目，积聚教师群体的智慧，帮助教师系统地开展学科教学。教学改革研究项目具有创新性、前瞻性的同时，还必须具有较强的针对性与实效性，使教学研究更好地服务于教学改革，促进教学质量的提高。教师作为研究主体，更应在不断的反思中积累丰富的教学经验，在不断的改善中提高课堂教学效率。

教研过程也需要更加多样化。教学既是科学，又是艺术，教学研究不可能拘泥于单一的形式，既要坚持传统的"面对面"的研究途径，又要积极开辟网络教研平台；既采取教师群体的项目研究形式，又要提倡教师个人的教学反思。叶澜教授说："一个教师写一辈子教案不一定成为名师，但如果写三年反思则有可能成为名师。"思之则活，思活则深，思深则透，思透则新，思新则进。教师反思自己的教学行为，总结教学的得失，回顾、分析和审视整个教学过程，才能形成自我反思的意识和自我监控的能力，才能不断丰富自我素养，提升自我发展能力，逐步完善教学艺术，从而实现教师的自我价值。

网络教研依托现代消息技术手段，开发和利用网上教育资源，建立开放、交互动态的网络教研平台，实现资源的交流与共享，以教育信息化推动教育现代化。网络教研作为一种新兴的教学研究形式，它的出现是对传统教学研究的补充和完善，在有些情况下也是一种替代。网络教研充分利用网络速度快，信息发布及时，不受时间和空间的限制，透明度、参与面和交流面都较大等优点，能及时有效地生成教研主题，降低虚假教研的发生概率，拓展教研的空间。网络教研是教育教学在新形势下探索教研模式的一种尝试，是从另一个全新角度探索教研方向，加强教研职能，挖掘共有资源，促使教研科学化。伴随基础教育课程改革的不断深入，它带来的将不仅是多主体、跨时空，低成本和高效率，更是一种民主、平等、对话、协商、合作的新文化。

我们需要怎样的班主任

过去，我们主张教师的价值通过学生的分数来体现，教师为学生的学习活着，这种观点把教师物化成了帮助学生发展的工具。如今，教育人性化的回归提出了对教师人格与个性发展的尊重，教师与学生都是有生命的个体，都需要成长，需要人生的快乐和幸福。以教师的专业成长来带动学生的成长，更加符合新时代教育的主题。为什么有的教师在班主任岗位上摸爬滚打几十年，行将退休，但仍然处于专业的无意识状态，或者成为狭隘的经验主义者？这大抵是缺乏专业反思、总结和提升不断循环往复的过程。

在教育教学实践中，班主任的重要性不言自明，甚至在新高考改革的背景下，班主任这一角色也没有因为教学组织形式的变革而消亡，而是在适应中寻求转型。那么，如何实现班主任的专业成长？没有固定的模式和套路，专业成长在一定程度上受教师所处环境的影响，但更重要的是取决于教师个人的精神状态。

华东师范大学郑金洲教授认为，教师专业发展的途径就是在反思中提高，在研究中成长，在锤炼中升华，在探索中进步，在"积识"中"成智"。著名学者朱永新教授认为，教师专业化发展有三个流派或三种观点。第一个观点：专业引领；第二个观点：行动反思；第三个观点：同伴互助。不管怎样，班主任专业成长存在一些共同性的特征。反思是班主任专业成长的人文底色，校本研究和终身学习改变了教师的行走方式，为班主任专业成长的舞台搭设了两大强有力的支柱。校本研究是教师由"共性"培训向"个性"培训的发展，为班主任搭建从观念到行动的绿色舞台。校本研究不是高大上的国家级课题研究，而是把那些充满"泥土"气息的有价值的问题上升为课题，推动教师在教学中反思。反思什么呢？李镇西从二十多年的专业成长中总结出教师应对以下方面进行反思：教育的失误、教育的实验、教育的行为、教育的现象等。他对教育的反思经历了从对自己教育行为的微观分析，到对教育行为背后所蕴藏的教育观念的深度拷问；从对身边各种教育表面现象的局部剖析，到对中国教育理论的全面审视……每一次反思，都是一次积淀与提升。正是在一次次反思中，李镇西逐步走向了自己所期待的理想教育。

过去，班主任的专业成长基本上是一个个体发展的过程，但在如今，在网络化、多元化和信息化时代，没有合作与交流，没有共享与互助，单靠一个人的力量打拼不可能走得太远。组建学习共同体，无疑是一个借助外界力量使自己获得提升的有效途径。学习共同体并不一定就是校方行政管理的组织。在这个组织中，每个人可以面对面地在网络上进行平等交流、沟通互动、互相学习、互相指引，互为专家。这样的校本教研方式是共同体成员之间的信息共享、互助合作与智慧分享。

班主任的工作首先应抓住内涵，工作应有自己的教育理念、教育原则、教育内容、教育策略和教育追求。教育理念是教育的灵魂，教育原则是班主任的学生观，教育内容是追求全人教育，教育策略是生成教育智慧的光芒，教育追求是追求教育工作的最大效益。

班主任教师的专业成长不是一种"自然成熟"的、自发的、不自觉的成长过程，而是经过长期有意识的实践锻炼的过程。影响教师专业成长的因素主要有两个，一个是客观环境，另一个是教师自身。任小艾所在的学校是一所三流学校，但照样成了全国优秀班主任的典型代表，这表明教师的主观因素起着关键的作用，教师是自身专业成长的主人。优秀的班主任始终坚定自己的职业操守和教育信仰，不把教师职业简单地当作谋生的手段。在工作受挫时，不产生职业倦怠，总是对教育保持着激情，保持着旺盛的生命力。

班主任的专业成长是一个全面、长期、持续的过程。优秀的班主任会按照专业化的要求，给自己提出努力的方向和奋斗的指标，为自己制订切实可行的发展计划。优秀的班主任都会给自己制定一个成长目标，如任小艾不做猫一样的老师，李镇西要带出像小说《青春万岁》中所描述的那样充满激情和理想的班集体。个人专业成长规划对教师自身的发展起着引领和督促作用。有效整合各种因素，科学而有计划地进行职业规划，可以使班主任专业发展道路更为顺畅，成功的概率更大。

在班主任专业成长的过程中，无论是当事者还是研究者，都无法回避一个问题——班主任的专业角色究竟是什么？班主任应该是学生精神生活的关爱者。这就决定了教育的方式应当由管理型转向服务型，教师以服务者的身份关爱学生的精神生活，教育是在熬心灵的鸡汤，是一种心灵的服务。基于这样的专业角色定位，在遴选年轻新班主任时就需要注意"五气"，即帅气、霸气、才气、灵气、牛气。

帅气。班主任与学生初相识时，学生大都会以貌取人，班主任的这一先天优势自然会增强与学生的亲和力。帅气，不只是指长相与身材，更重要的是教师的行为举止，如漂亮的坐姿、站姿与行姿，得体的衣着和修饰。一个"帅"字，表现出的是一个人的精、气、神。

霸气。班主任对班级的管理不可能没有对学生的制度约束和行为上的控制。学生是未成年人，在自然成长过程中需要一定的外力纠偏。中小学班主任需要严格的执行力，特别是对处于逆反期的中学生，班主任组织管理班级时必须拿出霸气来。当然，霸气并不是实行专制的管理，把自己凌驾于学生之上，这样必然导致师生关系的紧张，班级的死气沉沉。民主作风是班级管理的底色，班主任在处理张扬个性与培养群体意识关系的时候，能够协调和把握，这就体现了班主任的霸气。

才气。一个班主任如果能够多才多艺，善于表达，博览群书，上知天文，下知地理，涉猎古今，旁及中外，有各种特长和健康的情趣，在适当时机能够给学生"露一手"，就更能够增加学生的仰慕之情，班主任每一种"绝招"都能够极大地彰显班主任的威信和魅力。

灵气。灵气即机灵劲儿、悟性。具体表现为快速的接受力、敏锐的观察力、灵活的应变力。班主任是一项与学生"斗智斗勇"的工作，需要教育的机智。这种机智并不是后天就能够完全学到的，有时是由个人的气质、思维模式、智能结构等方面决定的。对此，"人人必须当班主任"有一定的不科学性，这句话是从管理的角度提出的，并非从教育的专业角度出发的。

牛气。魏书生、李镇西、朱永新、窦桂梅、孙维刚……众多的教育名家，谁不牛气？这个牛气，就是指对教育理想的执着追求。细到班级建设，那就是你说我这个班差，我就带出来让你看看。

二、鲜活的教师育养鲜活的学生

教师的生命状态影响着学生的生命状态。教师很享受自己的职业幸福和快乐，在承受各种升学压力和安全压力的工作环境里，同事之间的友情和关照犹如充满负氧离子的空气，它能够在一定程度上调整我们的生命状态，成就学生的天性，使他们犹如春天里的花儿一样自然绽放。师生的生命状态比"分数"在学校里更为重要，它是学校一抹蕴含生机的绿色，有了绿色，就一定会有希望。

教师发展始于思维的转变

在学校工作三十多年来，我遇到了各种类型的教师，有的理论知识基础深厚，在各级各类的刊物上发表过文章，研究论文也屡屡获奖，拥有高学历，但实际工作绩效并不尽如人意。有的工作了三十年，还是凭着自己的经验办事，专业水平始终上不到一定的高度，这些教师或许证书一大摞，但专业能力并不一能得到同行的认可。工作科学化和艺术化才能真正体现教师的专业水准。拥有教育智慧的教师的专业发展必然是"经验＋研究"。单纯的专业理论知识的学习和脱离专业理论学习的经验积累都不可能真正促进教师教育实践能力的发展和提高，只有将两者通过研究的形式结合起来，才能真正促进教师的专业成长，简言之，即"经验＋研究＝专业"。

教师实现专业成长需要不定时地换种方式去思考我们司空见惯的问题，以第三方研究的视角去看学校里教育教学中的各种现象和问题，会找到置身"庐山"之中所难以发现的内容。对教师而言，最为有效的教育研究方法是教育叙事研究。教师面对的教育环境是复杂多变的，我们很难如教育实验法要求的那样"控制条件"。教育叙事，是把观察和经历的教育故事、教育问题以叙述的形式记录下来，然后去研究这些教育故事和问题背后隐含的思想和理念。过去，我们搞研究课题，常常忽略教育的细节，而教育的科学性和艺术性往往就蕴藏其中，人文细节彰显教育的魅力。在教育叙事过程中，教师充分表达个人的思想、观念，讲述解决问题的方法和过程，反思、总结工作结果，这是一个提高专业的很有实效性的途径。叙事研究应该成为我们的一种教育行为方式。我们研究的许多课题都是为学校升格做的，如创示范、创重点是为了体现上级部门带有主观行政色彩的规划而做的应景课题。这些课题往往是集体性的，并且这些课题的负责人往往是校级领导和高级教师，或者根本不是自己感兴趣愿意深入钻研的一些教师。这些人做出来的课题对那些正待专业成长的年轻教师来说，没有实质性的提高和帮助。因此，为了促进自身的专业成长，年轻教师应该立足校本研究，关注自己的课堂，聚焦自己的班级，研究在学科建设和班级建设中生成的问题。

叙事研究就是一种关注教师自身专业成长的研究。教师实现专业化发展，需要周围同行的帮助，特别是同行中名师的指导。其实，很多学校遗漏了一个很重要的指导团体——大学专家团。中小学教师的专业成长从某种角度讲，是教师自身内涵的增长，是一种精神文化的成长。教师之间专业知识差异并不显著，主要是文化上的差异。大学文化渗入中小学，是对基础教育的优化。高校专家高屋建瓴的指导，给中小学教师的工作注入了更多的理性并拓展了更深厚的思维空间。借助高校专家的引领与协助，可以对管理者和教师的思想进行全新的改造。教师教育理念的重建和教育方式的改进，是教师专业成长的助推器。高校专家带来的新思想、新知识、新思维能为教师专业发展开辟更广阔的空间。

学校的学习共同体是一个松散的团体，它不是由行政管理形成的组织。这个团体的共同目标就是提高学习，是由教师、学生、管理干部等组成的。在学习共同体中，每个人都可以平等交流、沟通与互动，互相学习、互相指引，互为专家。学习共同体的学习方式是学习者之间的信息共享和互助合作。在班级里，学生和班主任、科任教师就可以成为一个学习共同体，通过交流分享知识与经验，促进各自知识和能力的增值，共同发展个性和专业水平，发挥创造力，提升教育智慧。比如，有学校教师自发组织定期举办教育沙龙，每次针对一个问题研讨，还要求学生及外来人员共同参与。这样的学习，已经改变了传统看书、听课的学习方式，在共享智慧、共同探索中，师生心智都得到了全面提高。学习共同体是教师专业成长的有效组织。

随着科学的进步，知识发展的更新，教师专业成长离不开专业知识的再学习和新的教育信息的交流。过去，我们自学进修的方式一般就是主动购置一些书籍，拓宽视野，更新观念。不过，有的书籍已经滞后。教师是一个面向未来的职业，业务进修和专业提高要立足于"新"，如教师可以在网上搜集自己需要的最新资料，这种方式既方便又快捷，不过一定要去芜存菁。网络还给我们提供了很好的交流方式，它可以把千里之外的教师聚集在一起，形成及时互动式的交流，教师也许在思想火花的碰撞中、在经验的共同分享中、在信息的交流中，豁然开朗，获得教育的顿悟。网上"东方教师读书联盟"就是一个很好的实例。

有一段时期，教师队伍中流行着一句新鲜的问话："你博了吗?"那段时间，教师的"教育博客"在网络世界中流行起来。教师利用互联网的新技术开始撰写网络日记，以文字、图片、视频等方式将自己的教育资源上传发表，超越传统时空的局限，想怎么写就怎么写，任自己的思想无拘无束地在网络上自由驰骋，探寻教育的真谛。"教育博客"为教师搭建了广阔的学习交流和共享的平台。在网络上，每个 ID 都是绝对平等的，这就决定了网上交流的异常活跃，甚至一些志趣相同或有某一方面相似的人，还组建了特殊的教育博客群，以便更深层次地交流。各种教育思想在网络上传递，思维的碰撞在那里闪耀智慧的火花，思想的活跃、讨论问题的自由，更加有助于培养出 21 世纪教师张扬、开放与包容的个性。

公开课不是表演课

一谈到提高教师业务能力、培养业务骨干，我们立刻就会想到公开课和教学大赛。这是一条很好的师培途径，而且见效快，也有利于教师迅速成名。因此，在教育领域，人们乐此不疲地开展名目繁多的公开课和教学大赛，似乎唯有公开课和教学大赛方能显示某教师、某学校、某教育部门的业务素质。

记得我曾工作过的一所学校在组织高级教师献课活动时，教师要求首先从校长开始，我毫不犹豫地答应了。上课前一天，我任教班的班主任一再问我，还有什么事情需要学生准备，向学生交代，我回答："和以前一样带上书和笔吧。"上公开课和举行教学大赛，其实是教师在相互进行课堂观摩，能被观摩本身就是对其业务能力的肯定。但不知从什么时候开始，这项活动在一些学校越走越偏，离学生的成长需要渐行渐远。

现在，公开课前的预先排练似乎成了某些地方约定俗成的规则。公开课教学追求一种完美，达到让人"无懈可击"的境界，反而把教师日常教学中存在的需要大家研究的问题给掩盖了，这恰恰是公开课最大的失败。我们究竟还有没有必要听这样的课？有一种公开课是这样的，为了表现出学生能积极参与课堂活动，教师事先要求学生："我每提一个问题，你们必须举手，不管能不能答上。老师知道叫哪位同学回答，上课时，尽管放心。"课上，我们看见了齐刷刷的小手不停地举起。这是对学生的奴役，教师把学生训练成了"会说话的工具"！还有一种更高明、更隐蔽的做法：讲公开课的老师最担心学生的沉默无语，他们总希望教室的气氛热烈一些、再热烈一些，最好有唱有跳，还要有掌声，有礼物发放。看，课堂教学中学生果真踊跃发言了，你一言我一语说个不停，好不轻松愉快！这真的体现了以学生为主体吗？非也！如果我们留心观察，会惊讶地发现教师的提问一味的简单低级，学生可以不假思索地回答上来。如果一节课中教师提出的所有问题学生都能顺利回答上来，那么这些问题还有没有教学的价值？这是无效的课堂教学，是在浪费学生的时间。学习如果缺乏深入的思考，只能变得无聊和浅薄！离开了教学内容和目标的要求，喋喋不休的学生在课堂上只能是虚假的主体。这是一堂没有"学生"的课堂！我还听说过这样令人震惊的事例：某校有一位教师因为领导进课堂听课，灵机一动随即上了一堂让领导非常满意的课。学生课后愤愤然说："我们终于看清了她的真面目！"原来，那位教师居然把她过去自认为上得成功的课重复了一遍！那位教师脱离了教育的真正轨道。试想，从今以后，学生还会信任教师吗？我们的诚信教育还有多少底气？失去了真诚的教育多么可怕！

2005年，我有幸在上海格致中学担任华东师范大学应届毕业生教学大赛的评委。让我深受启发的是，每节课上完后，选手们当着学生的面要回答评委的提问，评委的评分没有过细的框架，学生对几位教师的上课要给予评价。这样的教学竞赛，不再是面对评委的一次表演，更关注了课堂的主体——学生。好课一定是学生喜欢的课，好课一定是有实际内容的课。但是，许多公开课和赛课是讲给评委听的，没有了课堂上的真诚。虽然公开课和赛课事前能做到对每一个细节的打磨，每一句话的语调设计，甚至对着装服饰的每一点考究，但都难以生动和亲切起来。因为，课堂没有了真诚，就没有了教师对课堂的准确定位，就没有了教师与学生心灵深处的交流。我们的课堂要对学生负责，把课堂还给学生吧，那种作秀式的公开课和教学大赛赶紧停止！

现在一些地方的教学大赛逐渐变了味。它成了集体和个人追逐名利的工具。曾有地方教育部门因为所属的一所重点扶持的学校在教学大赛中成绩不佳，被上级主管行政部门勒令写书面检查。还有的地方教育部门更为极端，为鼓励教师赛课取得好成绩为本地区教育形象增光添彩，制定相应的特殊政策——赛课取得省市级一等奖的教师可以自然进入当年教师节表彰行列，甚至还有可能优先晋升一级工资。赛课获奖多的地区就一定是教育发达地区吗？赛课获奖者一定就是优秀教师吗？由于赛课总要赛出个子丑寅卯来，因此，评委们一般具有固定的评分模式，却不知这种评分模式禁锢了教师的创造力和个性特长的发挥。单凭学校一些司空见惯的现象，就足以说明赛课不可能成为检验优秀教师的唯一工具。在学校里，不乏课堂上神采飞扬、富于表演才能的教师，这是赛手型教师。但这些教师的教学成效是否都那么出色？答案是否定的。普通话、板书差的教师一般都被排除在赛课教师行列，因为他们根本不可能获得高分，但是这部分人中不乏深受学生欢迎、教学成绩显著的教师。

引导教师积极参与赛课活动的同时，坦然面对赛课的结果更为重要。冷静而理智地看待教学大赛，通过教研组的团结协作照样能取得好成绩。举办公开课与教学大赛，我们更看重在这一过程中教研文化的形成和浓郁学术氛围的营造，更看重课堂教学的真正回归。教育需要一种心平气和的心态，需要一种更为专业的思想。如果课堂教学越来越向着学生的发展需要靠近，理想教育之光就会逐渐照进我们的现实。

教师职称之困

翻开《现代汉语词典(第7版)》，职称的解释是专业技术职务的名称。顾名思义，教师的职称就是对教师教育教学业务能力的评定。因此，职称就成了无数一线教师一生的荣耀和梦想。职称标明了教师的专业技能，更象征着教师的职业尊严，不可谓不荣耀；对职称的追求，同时也彰显了教师自我成长的期待和要求，对专业水平的预期和精进，不可不谓之梦想。

然而，荣耀犹存，梦想却有些变味。

一些教师终其一生都在为评高级职称而奋斗，不少人到退休之际都未能评上高级职称。于是，职称真正成了不少教师的梦想，如梦般遥不可及。

当一些教师不再是满怀一腔教育热忱去钻研、去探索、去实践，而是对应着评职称的"硬条件"准备时，我觉得很难区分这算是教师的自我成长要求，还是钻营。部分教师为了评职称而当班主任、带社团、赛课、写论文、搞课题、支教等，忙得不亦乐乎，一旦评上了高级职称后就提前进入"退休养老"状态的时候，我们还能说职称是一种"荣耀"吗？

《关于深化中小学教师职称制度改革的指导意见》是这样阐释设立教师职称制度初衷的："建立与事业单位聘用制度和岗位管理制度相衔接、符合教师职业特点、统一的中小学教师职称(职务)制度，充分调动广大中小学教师的积极性，为中小学聘用教师提供基础和依据，为全面实施素质教育提供制度保障和人才支持。"

"充分调动广大中小学教师的积极性"，在现实中的落实情况如何呢？

2018年11月15日至22日，李镇西老师以微信公众号"镇西茶馆"为平台，在全国中小学教师中做了一个职称评定意愿调查。根据李镇西老师公布的数据显示，参加此次调查的教师为38694人，覆盖32个省市自治区。其中来自直辖市的教师占比3.58%，省会城市和一级城市的教师占比8.76%，二线城市教师占比30.45%，乡村教师占比最多，为57.21%。中小学教师占调查人数的绝大多数，分别为小学40.47%，初中38.55%，高中17.03%，幼儿园教师和职业中学只有1.51%和2.44%。公立学校教师占96.42%，民办学校教师占3.58%。数据说明，这个调查在较大程度上代表了我国当前基层教师的分布状态，所以这个调查结果应该是有代表性的。据李镇西老师此次调查结果显示，目前基层一线教师对于职称评定问题的反馈有六个。第一，公办中小学教师晋升高级职称难。第二，教师对国家现行教师各职称等级评聘的标准了解不清晰。第三，绝大多数教师认为现有职称制度不能激发、调动教师的工作积极性，呼吁改革。对"您认为现有职称制度能否激发、调动老师工作积极性"的调查题，仅有3.86％的人认为"能"，而79.44％的人认为"否"，还有16.59％的人表示"不好说"，另有0.11％的调查者没答题。可见绝大多数教师没有感到现行职称制度能够调动他们的工作积极性。对"现有教师职称制度是否需要改革"的调查题，96.89％的老师认为需要改革，有2.21％的人感觉"不好说"，仅有0.73％的人主张"维持现状"，还有0.17％的人没答题。可见，呼吁职称制度改革是相当广泛的民意。第四，大多数教师把改革的期待指向了工资待遇。第五，绝大多数教师希望取消职称制度。第六，对职称制度改革，大多数教师倾向于以教龄的长短作为评判标准。

由此，可以看出，我们很难说清楚，职称到底是套在教师脖颈上的枷锁还是体外心脏起搏器。

事实上，我们身边有很多这样的教师：无论是教学还是班主任工作，都广受好评；无论是家长、同事，还是学生都对其评价甚高；可是他们在评职称的道路上步步维艰。原因有很多，其中就包括没有在现场赛课上获奖。诚然，赛课展现了一名教师的教学能力，背后却是几位教师甚至整个学校教研组的集体智慧，"花瓶"式的表演真的能直接指导更多的教学实际操作吗？这是一个值得认真思考的问题。还有的教师是缺少科研课题、论文发表等学术类的成果。诚然，钻研业务是一名教师的精进之路，但是否每个教师都适合做学术研究？一线教师的学术研究有多少是真正有学术价值的？所谓"术业有专攻"，一线教师最应该"攻"的究竟应该是什么？

如何才能让职称成为教师的体外心脏起搏器而不是脖颈上的枷锁，我觉得有以下几个问题需要思考。

第一，目前实施的按校配置名额的模式是否科学。"僧多粥少"历来都是各种问题的根源。名额配置比率可以说只顾及了一个学校发展的历史因素，没有照顾一个学校发展的未来需求。中老年教师等着前面的教师退休后空出名额，同时又成了后面年轻教师的"拦路石"。

第二，一评定终身的制度是否真的能调动教师的积极性。一些现象是，评定了高级职称的教师似乎就进入了"退休养老"阶段，开始不愿意担任班主任，不愿意担任教学挑战大的岗位，得过且过。于是，未评定职称的挑起重担，干活多，拿钱少；评定了职称的赋闲，一幅无所事事的样子，更谈不上中坚和引领作用。这种格局既不利于发挥中老年教师的丰富经验和理论提升，更不利于年轻教师的成长和提升。各自为着职称和岗位等级奋斗，为了工资的多寡权衡做事情，这本身就严重不利于教育的发展。

第三，考核的标准是否契合促进教师发展的初衷。在强调教育评价的今天，对于教师的评价也是不应该忽视的部分。职称可谓是对教师的评价体系，而这个体系如今导致了形式化和结果化的后果。以我之见，一线教师，最直接、最有效的考评应该是过程性评价和结果性评价相结合，教师的个性差异和兴趣偏向也决定了评价标准的多元需要。从各地的职称评定细则中很容易发现，教师被教学、教育、科研等条条款款框定，一些规定容易给教师戴上枷锁和镣铐，限制教师专业发展的多样性。另外，材料说明一切的评定模式，导致了严重的形式化结果。对于以课堂为根基的教师，评定的方式不是动态的业绩检测，不是学生和家长的满意度调查，也不是专业水平的现场测试，而是靠几个评委面对一堆证明材料判断教师的优劣等级，显然是以蠡测海。更不用说这些教师必备的材料，很多与教育教学的关联并不密切，投机主义成了一些人的选择。

诟病无数，那是不是取消职称制度才是解决之道呢？显然这种简单粗暴的方式将带来矫枉过正的后果。

职称制度显然不能取消，它的取消必然会带来另一种意义上的消极，因为缺少激励机制和评价机制，将导致重回"大锅饭"时代，同样不利于教师的专业发展和教育的前进。

难忘的师生见面会

日出而作，日落不息。可以说，这是对中学教师日常的写照，奉献已成为他们的生活方式。这种习惯源于他们对教师职业审慎的敬重，源于他们对学生深深的爱。有一句名言叫"蹲下来看孩子"，教育者要蹲下来和学生保持一样的高度，以学生的眼光看问题、看世界，这样才能真正尊重学生、理解学生，也只有在这样的前提下，教育者才能主动创造更充裕的时间和空间去了解、剖析、关爱学生，为学生提供最适合的教育。

在重庆铁中有七年级新生举行师生见面会的传统，以便让师生之间更快地互相熟悉。这是一场教师的风采秀，展现了学校一种亲民的文化。七年级各班的师资构架除了一个寄宿制班以外大体上是均衡的。学生和家长与新教师见面，根据学生的个性和学习状况选择相应的教师和班级。

每到这一天，近千名学生和家长都早早来到学校。面对他们的热切期盼，七年级教师会展现出他们富有魅力的团队风采。他们一一上台就个人基本情况、教育理念、教育特色、工作业绩、爱好特长等，做极具个性的介绍。"没有学困生，只有差异学生。""我会为了孩子们的成长，全力以赴！""我的教育方法是授之以渔而非授之以鱼。""我班的科任教师都是富有爱心和敬业精神的，希望孩子们选择我们班！"……没有什么教育手段能这么快地拉近师生之间的距离，也没有什么大会上的说教和师资培训能在学校迅速营造出一种不得不教好书的工作氛围。

学校的教师真的很聪明，在我眼中绝对没有最好教师与最差教师之分。把教师放在合适的岗位上，让他们做自己喜欢做的事，会让他们从内心深处迸发出生命的激情，释放出自身最大的潜能。在学校，只有优秀教师和潜在的优秀教师。人最大的特性就是可变性。如果学校管理者把教师个个打上他认定的标签，那只会缩小教师成长的空间。这样一来，我们就不是在促进教师的专业成长，那教师的幸福感和成功感又从何而来？

教师需要站在同一个起跑线上去冲刺，这种竞争应该是良性的个人竞争和团队竞争。在如何得到学生和家长的认可方面，教师确实动了一番脑筋。一位特级教师在与学生见面时，送给学生一幅画。这幅画正看是猫、侧看是老虎，生动巧妙地展示了她的教育观——每个学生都有巨大的发展潜能，每一个学生都值得珍爱。这极大地增强了学生的自信心。

一位英语教师设计的与学生见面过程独具匠心。她走下舞台，穿梭在学生中间，用英语亲切地与学生交流。在场的学生踊跃举手回答，在热烈的师生互动中，大家感受到了语言学习的快乐。"我教4班、5班，请你们选择这两个班级吧！"当这位教师对学生说出这样的话时，我想，她不可能懈怠班里的学生。

一位语文教师是军属，丈夫远在西藏，女儿刚上幼儿园，常需照顾。但是面对学校良好招生形势带来的丰富生源，她毅然承担了班主任的工作。那时，她远在西藏探亲，不能参加师生见面会，同事们不遗余力地介绍这位班主任的工作业绩和教学长处，为这位班主任拉票。一位教师在台上对学生和家长说："你们选择这个班，绝对没错！"这是当天师生见面会上最感人的一幕。它让新年级的学生和家长目睹了学校教师团队内在的精神风采，感受到了学校温暖的文化。

三、"跨界"成就教育者的鲜活

春天在我们手中绽放

我曾收到一位家长发来的短信："尊敬的校长，您能在百忙之中接待我们并耐心讲解学校的办学理念，我们全家万分感激。经全家共同商定，希望校长能给我们全家人一个春天！如果不为难你们，恳请贵校收下我儿子读书。谢谢！期盼佳音！"好的教育能够给一个家庭带来明媚的阳光。

开完师生家长见面会的当晚，我接到一位家长电话："我想请校长听听我对这次见面会的意见：第一，你校的教师有极个别人上台讲话很紧张，甚至还有语无伦次的，恐怕是没有充分备好课，作为家长，我们怎能放心把孩子交到这种老师手里；第二，我参观了学校的每一个角落，很有文化氛围，很漂亮，但是我发现有的厕所门上有学生乱画的痕迹，学校没有及时清理；第三，没有请家长代表上台发言，很遗憾……""请问，您是哪位学生的家长？""对不起，我不能因为我给您提了建议，就让学校对我的小孩进行特殊关照。"这是一位非常有品位和理性的家长，一位对学校充满无限期待的家长！

在高一新生报到那天，我接到一个电话："校长，求求你让我儿子转进你学校读书吧。求求你了！"她的小孩不属于我校招生范围，在我校的转进学业测试中成绩很不理想，无法达到本校相应年级的学习水平，因此，教导处不同意接收。我耐心开导家长冷静，请她来我办公室沟通。她和儿子一进办公室就扑通一声跪在地上。面对家长和孩子的极端之举，我震惊了！一个只上过两年小学的母亲把知识改变命运的期望寄托在孩子身上。我不赞成家长的这种非理智的做法，但我深深感到教育工作的责任重大！我破例收下了那个孩子，并把他安排在一位工作非常细心的班主任班里。我们面对的不是物件，而是有鲜活生命的人！我为自己在学校工作中没有做到尽善尽美，出现的诸多失误甚至失败而深深懊悔自责。家长和孩子那重重的一跪，我至今无法承受。面对家长和学生的期待，我们只有竭尽全力去工作，不能有一丝一毫的马虎和懈怠。一个孩子就是一个家庭的希望，一代孩子就是一个国家和民族的希望。在这段时间里，我对自己有些过于理想的做法进行了反思。我坚信，人的心中不能没有天空，一所学校不能没有理想主义的信仰，人必须脚踏坚实的土地，一所学校不能没有务实的工作作风。只有顶天立地，仰望星空与脚踏实地，才能真正带出一个对得起国家和民族的学校教育团队。

开学典礼上，我校邀请了暑假在一所儿童康复中心做义工的三名高三毕业生到校给学弟、学妹们讲话。虽然我校是升学预备型学校，但分数绝对不是我们办学的唯一目标。一所真正意义上的富有生命力的学校，不会缺少教育的大爱与责任，不会缺少办学的宁心静气，不会缺少优雅气质和书香气息，不会缺少人文与个性。我们深知，让教育回归到最自然的状态，就是实实在在地把学生培养成有善根与善习的高尚之人，为学生未来的幸福奠定基石。人文底色、科学素养、艺术气质、生命意识、良好习惯、价值观、心态等更远胜于冰冷的分数。我越来越认为基础教育增强"做人的底气"比单纯造分更重要。

过"正常人"的生活

学校旅游摄影协会组织会员们自驾游到静观镇赏梅花。我也参加了，一切听会长安排。会长是一位很会享受生活、常常寻找快乐的阳光教师。初春时节，会员和家属们在丝丝小雨中，踏着花香，一路欢歌同行，这是一个馨香浪漫的开始。

在大谈如何创造幸福生活的今天，越来越多的人开始关注自己内心世界的喜悦与丰盈，开始有意识地感受和营造亲情与友情的人文温暖。就如同我们团队，在越来越多的高要求和更严秩序的工作氛围下，反而越来越体现出团队的平和与大气。

令我感到欣慰的是，我坚持组建教职工活动协会的愿望，终于在工会的支持下得到了员工们的积极响应。各协会的筹备负责人在大会上"招兵买马"，书法、瑜伽、乒乓球、羽毛球、排球、足球、钓鱼、旅游与摄影等协会，让大家眼花缭乱。有位协会负责人的一句话——过"正常人"的生活，引起了大家的共鸣，着实震住了全场。各协会成立后，大家把协会的活动搞得风生水起。

感谢主动为大家服务的会长们，因为有了你们，越来越多的团队成员打开了心窗，呼吸到自然清新的空气，驱散了心灵的阴霾。在一种平和的精神状态下，在一种和谐的工作氛围中，教师才有可能宁心静气地教书育人，才有可能在对职业精神的坚守中感受到生活和工作的幸福感，才有可能迸发出无限的创造力。有年轻教师参加编写的人民教育出版社出版的教材，已上市使用；有教师在全国各市的中学去献课并广受赞誉；有教师收到了家长和学生的感谢信……我一直保存着一位教师与我在网上的交流信息："黄校，今天我看了学校大屏幕上有一句励志语：'如果不读书，即使行万里路，也只能是个邮差。'我顿时有种说不出的滋味，我马上想到了王顺友，邮差的职业也许在大家心目中是一份普普通通的工作，但在平凡的岗位上也可以做出一番不平凡的业绩来。能在平凡的岗位上执着坚守并付出一生心血的人值得我们学习。这也是我们应该教给学生的人生观和价值观。您觉得呢？"这位教师不仅有这样的想法，而且身体力行地实践着教育的深度思考和大胆创新。

以班主任心态当好科任教师

马卡连柯说，哪里教师没有结合成一个统一的集体，哪里就不可能有统一的教育过程。由于教师业务素质、道德水准、工作态度、个性心理等方面存在差异，因此不同科任教师之间、教师与班主任之间、师生之间等难免就会产生矛盾。这时，班主任与科任教师的沟通与协调就显得尤为重要。

班主任关注身边的一些沟通细节，与科任教师形成教育的合力是一件轻松的事情。班主任主动组织科任教师参加班级管理和活动了吗？再有能力的班主任，如果忽略了人际关系，工作的开展就不会顺利。班主任可以主动组织科任教师参与制定班集体的目标，建设班级文化。鼓励科任教师积极参加集体活动，充分发挥他们的特长和知识优势，让学生对科任教师有更多的了解，从而使师生关系更加融洽。

班主任定期召开科任教师会议了吗？班主任向科任教师介绍班级与学生的基本情况，征求科任教师对本班工作的意见，请他们为班级工作出谋划策，既可以使科任教师体会到其在班级中的重要作用，又增强科任教师的责任感，调动他们参与班级管理的积极性。

班主任积极树立科任教师的威信了吗？在和学生闲聊时、在家长会上，班主任称赞科任教师的人品和能力，往往比在班会上的说教效果更好。班主任要切忌在学生面前议论或指责科任教师的缺点和不足；当各科任教师之间、科任教师与学生之间发生矛盾时，班主任要客观、公正地处理，切忌偏听偏信，在矛盾的一方说另一方的坏话，否则，只会激化矛盾；当学生对科任教师出现错误认识或进行片面议论时，班主任应对学生加以引导，增强学生对教师的理解；在同事中更不能把科任教师的工作失误加以散布，甚至讽刺、挖苦。一个总欣赏别人的人，他会得到更多人的欣赏。

班主任对科任教师的工作大包大揽了吗？有一位年轻班主任曾经这样抱怨过："我班的英语教师在教学上有些问题，没有落实学生听写单词的任务，许多学生偷懒不去记。我就在班会、读报课和放学时间把学生留下来，为本班学生补习英语，抽记单词，学生直到背完单词才能走。本学期，班里的英语成绩上来了，但该英语教师并不感激我，反而对我有怨气。"这是因为年轻教师没有掌握好帮助科任教师的分寸。科任教师会误认为该班主任对自己学科插手太多，是想提高班主任个人威信，损害自己在学生心目中的形象，即使年轻班主任是出于一片好心。

定位生本课堂上的教师角色

课堂教学之所以具有生命力，是因为课堂教学的主要参加者——教师和学生，都是鲜活的。郭思乐教授提出了生本教育概念，其生本教育的观念和实践模式研究启发了我们对生本课堂中"生"的角色的重新审视。生本课堂除了强调课堂教学以学生为主体外，更重要的是强调课堂教学的一种原生态，即在课堂教学中创造一种人的生命存在，促进人的生命发展完善，使生命质量得以整体提升。这就是生本课堂的本质所在，同时生本课堂也要求教师在教学实践中不断反思和转换角色。

第一，从教书匠到人民教师。"师者，所以传道授业解惑也。"这是对传统教师角色的最好概括。过去，很多人把教师称作教书匠，这是把教师仅仅当作了一种教书的工具，把课堂当作了一项重复的工程，师生之间仅仅是一种单纯传递和被动接受的单一关系。教师只要专业知识渊博，逻辑结构清晰，语言表达通顺，就算一名尽职尽责的好老师，双向交流可有可无。然而工具即机械，重复意味着僵化，机械和僵化必然会束缚学生激情的迸发，从而导致趣味性的缺失和课堂教学生命力的沦丧。我曾在重庆铁中提出"规范＋个性化"的办学理念，运用到生本课堂中来它更应该是"个性＋规范化"。鲁迅先生在《呐喊》自序中描述不愿唤醒"沉睡的人们"，是因为他们身处"铁屋"之中，满眼望去整个世界都是一间牢不可破的铁屋子，唤醒他们只能徒增痛苦。"规范"的强悍性制约着发挥"个性"的驱动力。从某种意义上说，如果我们把机械和僵化(传统教学中的教师和课堂)比作"铁屋子"的话，长此以往我们的教学势必会成为一潭毫无涟漪的死水，生活在其中的学生势必在绝望中慢慢"死"去，这与生本课堂的理念显然是相悖的。相反，如果我们的学生置身于这间"铁屋子"的外面，放眼四顾，视野如此广阔，"铁屋子"不过是沧海一粟，学生心里自然就会产生一种攻无不克、战无不胜的信心和势如破竹、摧枯拉朽的气势。这种信心和气势正是在生本课堂教学模式要求下教师通过课堂作用于学生的效果。只有产生这种效果的课堂教学模式才是"鲜活"的。

　　第二，从教师到学生。生本教育理念告诉我们，教材内容或教学参考书不是"范本"，教材重点内容不是金科玉律，教材中的提示不再是颠扑不灭的真理，不能把预先设计好的教案当作亦步亦趋的向导。因为在生本课堂下的教学过程是师生双方积极互动、共同发展的过程。教材或教参知识的教授只是课堂教学的一种具有导引价值的资源。教师不再是知识的绝对权威，因为在信息技术高度发达的时代，通信网络为知识和信息的流通提供了宽广而强大的平台。知识的产生、更新和转化正以前所未有的速度推进。很多时候，学生掌握的知识和信息比教师掌握得更为渊博和丰富。教师不再是课堂教学的控制者和课堂秩序的维护者，因为生本课堂的主体变成了学生，教师只是课堂的引导者，一切教学活动都要围绕学生这一主体来开展。生本课堂下的教师应由知识的传递者转变为学习的促进者，由教育关系的"独奏者"转变为"伴奏者"，由教育活动的领导者、控制者、权威者转变为指导者、管理者和服务者。

　　要追求生本课堂的实质，仅仅只追求课堂教学的"鲜活"，只注重教师与学生的双向交流远远不够，还必须注重课堂教学中的平等。传统的教师把自己置于课堂的中心，教师高高在上，以知识权威者的身份说话，从而使课堂教学成了教师"个人独白"式的教学。教师忠于学科知识，却背弃了学生；教师关注了自己的表演，却忽视了学生的反应与参与；教学中体现了独断与专制，忘却了民主与平等。在这样的课堂中，教师"垄断"了课堂里的话语权，把学生置于"边缘"境地。生本课堂下的教师把教学视为师生交往的过程。交流意味着人人参与，意味着平等的对话，意味着教师将由居高临下的权威转向"平等中的首席"。为此，教师应当尊重学生的人格，把话语权还给学生，把课堂变成与学生平等交流的场所。在这种对话式的教学中，教师和学生共同接受双方所建构的话题，实现文明的传承。在协商过程中，师生之间不断产生新的话题，作用于对方，并进行文化创新。那么，如何体现教师作为学生对话者的角色呢？第一，应该让教师走下讲台，深入学生中间，与学生建立民主平等、相互信赖的关系；第二，在课堂教学中，教师要改变自身的说话方式，采用学生可以理解、可以接受的生活化语言。

另外，要追求生本课堂的实质还必须注重课堂教学中的"青涩"。"青涩"意味着不成熟。作为教师，我们的专业知识较之学生肯定丰富得多、厚重得多。但是我们要采取怎样的教学方式才能够深入浅出，使学生接受我们的教学内容并引起强烈的共鸣呢？这就需要教师把自己转换到学生这一角色上来，知学生之所知，想学生之所想，惑学生之所惑，创设开放的、贴近学生生活的教学模式，激发学生求知的欲望与兴趣，同时为对话的展开提供平台。也就是说，在对话式教学过程中，教师和学生都要以真实的、完整的人格亲临现场，以真诚的、开放的心态彼此相待。只有教师放下架子，坦然面对来自学生的挑战以及自身存在的不足，才有可能实现教师角色的这一转变。我们的课堂教学是一个由外到内再由内到外的过程，是一个由外在社会精神文化因素影响学生心理使其内在潜能得以发挥的过程。课堂教学不应只注重教师传授了多少知识，也不应只注重教师讲授的知识多么鞭辟入里，而应注重课堂教学是否引起了学生心灵上的强烈震撼和共鸣。因为在学习过程中学生需要的是一种感悟和一种体察，是一种心与心的碰撞从而生发成其为进行更广泛的高级学习的重要动力来支配学生的后继学习。教师只有把自己置身于学生这一角色中，与学生平等交流、平等对话才可能把学生学习的外部压力和内部压力、学生的意识态度和机体活动、情感价值与认识活动统一起来，创设一个和谐的充满生命力的课堂人际氛围和让学生富有个性地、独立自主地自由思考和探究学习的良好生态课堂。

关于生本课堂，生本教育的创始人郭思乐教授这样评价："在学校里我看到高二生本语文课《致橡树》所表现出来的丰富、热烈的情感，巨大的阅读量，强烈的激情。可以说，一堂课的收获，比得上平时几周阅读的积累。学生从中吸取了最丰富的营养。在原生态的语文实践活动中，学生只是兴高采烈地活动、'玩'。在这课堂里，他们没有高考的压力，没有刻意的竞争，没有我要从中吸取什么的指令。学生们读诗经、读李商隐、读李清照，谈古论今，每一阵笑声都饶有那个年龄段的深意，每一个发言都沾带着书卷气和正义感。他们在积累、在形成语感的同时也在获得高考制胜的法宝。大自然眷顾我们，把享受美味和营养结合在一起，把阅读的情致和语文素养的生发结合在一起，越不刻意，越是自然的东西，就越达到丰富和深刻的极致，越是成为生命成长的部分。这就是我们所要的高中教学。铁中的语文、英语、化学、数学课，让我看到了高中生的能量，青年狮子般的能量。"

四、春风化雨，润物无声

文化浸润以养德

每年三月五日，我们总会想起一个温暖的名字——雷锋。在学生时代，老师总在这一天带领我们做好事，如今当上教师的我们在这天总会条件反射似的组织学生参加义务劳动。德育绝不仅仅是组织一次活动，更不是掺杂着某种因素而组织的活动，而应该是一种长期而持久的文化浸润，通过文化的熏染化育心性、养成德行。

为什么说德育是一种文化的浸润？学校文化是一所学校在长期实践中形成的一种文化氛围，一种价值观、道德观，以及学校全体成员表现出的道德规范、做事方式、处世态度和行为方式。学校德育，就是做人的教育。从心理学角度讲，德育是一种道德的形成过程，即从道德认知到道德情感，再到道德行为、道德习惯，最后形成稳固的道德品质的过程。也正因如此，德育更应该是具体的、无形的、人本的。

其一，离开了文化背景，德育将成为空洞的说教。德育是树，文化是土壤。只有用文化承载的德育，才能长久地根植于学生的心灵。正如向一条鱼讨教在"水"中的感觉，当它还在"水"中时它回答不了，只有离开后，它才知道什么是"水"。文化相对于德育来说，是一种似"水"的文化，给人的感觉无时不有、无时不在，德育没有文化的背景，绝对不能称为德育。

学校文化的表现形式有多种，常外显为文化气息。校旗、校训、校园内石头上镂刻的名言警句等，都属于学校的一种文化气息。当这些文化气息所含的精神内容被师生接受，转化成相应的思想和行为时，它就是学校文化。否则，校训、名言警句等只能是挂在墙上，其育人功效会大大减弱。在学校，每周有一面由学生和家长共同设计的星光旗与国旗、校旗一起迎风飘扬，是为每周选出的校园明星(这些校园明星是在某一方面特别优秀或尽了最大努力的学生个体或群体)而升的，被学生认为至高无上的荣誉。星光旗的激励作用得到了全校师生的认同，由此形成了学校的星光旗文化。

雅斯贝尔斯说，真正的教育是人的灵魂教育，而非理性知识和认识的堆积。那么，德育应是发自内心深处的教育。这种教育的目的是通过师生心灵深处平等的对话交流、精神碰撞来达成认识统一。因此，师生关系的良好调适有助于构建充满人文情怀和生活气息的德育场。如果教师面对学生时经常处于一种职业倦怠状态，怕学生、怕上课，甚至恨学生；如果学生经常在学校遭遇不公平的待遇，在课上受到教师的冷嘲热讽和挖苦指责，那么，不难想象，在双方的心灵土壤上都会埋下冷漠甚至仇视的种子。因此，我们也就不难理解，在非和谐的校园里，为什么德育的实效性会如此差。

其二，学校文化促进德育回归人性。学校文化建设旨在营造师生共同成长的精神家园。学校文化强调的是人性化，弘扬人性的尊严，寻找人性的光辉；学校文化的核心是"以人为本"，满足人的个性发展需要，激发人的积极性，建立一种尊重人、关心人、激励人的文化氛围。德育是一种以人为本的教育，理应回归人的本身。德育的任务是最大限度地挖掘人性美，用人性的思想和方法去进行教育。

那么，如何以学校文化促进学校的德育工作？许多学校都有这样的共识：靠行政的力量去纠正学生的行为偏差，往往很难奏效，必须先通过规范管理制度来规范教师行为，进而彻底改造教师行为文化，最后通过教师行为文化影响学生的行为文化。

这就要求我们重新审视德育。首先，明确道德是为了提高个人生命质量产生的，并非为体现道德而产生的。"为学生的终身幸福而奠基"成为许多学校的办学理念。作为个体的人，要实现其个人价值，作为社会的人，要实现其社会价值。德育就是实现个人价值与社会价值的指导，换句话说，就是协调好个人价值与社会价值的关系，从而找到两者之间的结合点。其次，要明确德育的核心问题是什么。在现代社会中，道德的核心是公平。基于此，师生间人格的平等与相互的尊重是德育的前提。德育不是驯服人的过程，不是简单地加减分的量化，不是压抑学生天性的手段，不是无生命的摆设。有的学校教学楼里贴着大大的"静"字，告诫学生在校内要安静，要轻声慢步。儿童天性活泼，在压抑的环境里，能感受到校园生活的快乐吗？实际上这是一种大人对他们的不道德控制。任何漠视学生权利、对学生缺乏人文关怀的不道德行为，都应该被唾弃。长期以来，我们把"利他""奉献"和"自我牺牲"等视为道德的核心，从而失去了人的自我。有的教师不管自己的孩子，甚至孩子重病在床，也坚持站在讲台上；有的教师怕耽误工作而延误病情，最后昏倒甚至牺牲在工作岗位上……我们听到的这类先进事迹不胜枚举。从现代文化视角看，这些行为不仅不能作为道德的楷模受到表扬或大肆宣传，相反还应受到劝阻和批评，因为这些行为已经侵犯了自身的基本人权。每个人的生命都是可贵的，都应珍视。再如，学生毫无把握的见义勇为，在道德的层面上都不应该被提倡。德育应是一种人性的、自然的、生活化的道德教育。人性是德育的起点，也是德育的终点，是德育的立身之本。

学校文化与当今新时期的德育观念协调一致，在学校人性化的文化氛围中德育得到了人性的回归。正因此，现代教育才把公共关怀与人性美德作为德育的基本目标。

其三，学校文化的润物无声是德育的最高境界——不教而教。德育目标隐形化、德育手段无痕化是当代德育时效性研究的重要课题。德育贯穿和渗透于文化建设的每一个层面。文化决定理念，理念决定心态，心态决定行为，行为决定习惯。德育就是在文化的浸润下养成求善的习惯。德育不是简单的道德知识的单向传播和灌输，学了道德知识，不一定就会获得相应的道德认识，而有了一定的道德认识，不一定就能外显出一定的道德行为。教条的德育是让学生成为一个个"美德袋"，使道德知识和道德能力完全脱节。现实中，这样的例子可以信手拈来。一个在学校热爱劳动的三好学生，早上没有叠被的习惯，晚饭后为拒绝洗碗与妈妈可以大吵一架。学校经常搞签名运动，如戒烟、诚信考试、拒绝进入营业性网吧等，究竟收到了多大成效呢？我们在长长的签名卷上，看见了学生胡乱写的姓名，弄得学校异常尴尬，签名卷也就只好不再展示，而是扔在一个角落里。这是学生对教条德育的抗议。真正的道德是发自内心的道德认识、道德养成和行为规范，是学生在似水的文化中自己领悟、体会、反思与践行的过程。德育的体验，就是一种文化对学生思想的浸染。

真正的德育，是一种无痕的教育。无论从学校文化影响学生的角度，还是从学生吸收学校文化的角度，德育通过文化的熏陶，在自然和真实的状态下对学生进行"真、善、美"的塑造和教化，学校文化由此侵入学生的知情意行。学校文化的润物无声显示出德育的最高境界——不教而教。

重构学校德育理念

"校园无'人'！"这是教育专家们对当今教育状况的大声疾呼。学校规模越来越大，生源越来越多，甚至有的班级达到七八十人。怎么还说校园无"人"？其实，这里的"人"指的是人性化和人文关怀。功利主义对校园的侵蚀、校园道德的失落、对教育的片面认识等，导致学校教育的非人性化。

教育要培养德智体美劳全面发展的社会主义建设者和接班人，要为人民服务，促进人的全面发展。也就是说教育不仅要满足社会和国家的需要，实现教育的社会价值，同时还要满足个人的全面发展和终身发展的需要，实现受教育者的个人价值。中学德育要更好地适应当今社会的需要，首先就要对德育观有一个全新的认识。德育的本质是帮助个人完成对人生价值的求索和人生幸福的追求。过去，德育的一个缺陷就是忽视德育对个体生活的意义，过于偏重德育的社会性功能，以社会利益代替个人利益，脱离生活实际，把受教育者当作"物"对待，当作"工具"打造，当作"容器"灌输，这是物化的德育。德育从物化走向人性化，主要体现在下列三个方面。

第一，德育与人生命整体的融合。由于人的品德被分成知、情、意三方面，德育不能简单分割成主知的、主情的、主行的德育。整体的德育是人知情意行的协调统一。物化的德育是控制性的德育，限制人、消极地防范人，教师对学生是单向的灌输，而人性化的德育是师生间的双向对话，是信息的交流，是共同参与、双向影响、共同成长。

第二，德育与整个教育的融合。教育本来就包含德育，德育是教育的一部分，不能脱离教育整体，不能把德育与智育、体育、美育截然分开。教学是德育实施的主要组织形式，教学把知识与德育融合起来，由教书过程走向育人过程，这体现了教育的人性化。教学活动中不仅有技能的获得，还有师生间精神生活的互动和影响，而以正确的方式传授知识和技能，其本身就是对整个人的一种精神教育。

第三，德育与整个生活的融合。道德产生于生活需要，生活是道德的沃土，没有生活也就无所谓道德。道德教育的最终目的是使人拥有更美好的生活。道德不是天生的，需要后天的教育和学习。因此，德育的途径只能是生活。道德的教育和学习首先应从学生的生活实际出发，关注人的现实道德发展水平和人的现实生活需要，这就是德育的生活化。

思想是行动的先导。要使德育真正走向人性化我们应该对学校德育文化中的定势思维、原有的工作方法与套路，以及引以为傲的德育经验进行一次理性反思。

反思一："倡导德育渗透于学科教学中"真的能加强德育吗？

有的学校认为，由于教学任务重，没有时间进行德育，把德育渗透于各门学科作为经验之谈，这实际上是潜意识地把德育独立于教学之外。这源自陈旧的教学观念，认为教学过程仅仅是特殊的认识过程，课堂就是知识传授和灌输的空间。其实教书育人从来都是连在一起，不可被切断的。教学内容中的科学知识主要为品德发展提供科学基础知识和智力基础；合理的教学活动本身就应体现三维目标，其中一个目标就是对情感、态度、价值观的培养，教学的各个环节本身就蕴含着道德的形成过程。为加强德育工作，学校一般的做法是请专门的德育工作者开展专门的德育活动，把德育"工作化"。而德育部门的工作人员往往认为其工作就是搞"突击性"和"运动性"的德育活动。这意味着从事德育是专门的德育工作者的职责，是完成专门的德育活动任务，同时也暗示或默许了其他学科的教师和职工是非德育工作者，他们从事的是非德育工作。这样学校往往会理所当然地忽视德育，把育人作为自己本职工作之外的负担。在潜意识中把德育与教育整体脱离开，把德育与教学工作脱离开，这是对德育的淡化。

德育应自然地融入师生的生活中，促进学生精神的成长。德育离不开生活，学生浸润其中生成人格，可谓用文化涵养人格，用文化"化"人。因此，德育的最高明的手段就是去努力创造"无痕"的"学校德育文化"。在学校，每一个教职员工都是学校"德育文化的构建者"，他可以不直接从事学生的思想道德教育，但是只要他生活在校园里，他的人品、言行就已经参与构建学校德育文化了，成为影响学生成长的无法回避的因素。即所谓教育无小事，处处皆教育。

反思二：校规由学校的领导和教师来制定，才能保证校规的正确性吗？

没有一个教师会说自己不爱学生。尽管我们高举着人文的旗帜，呼喊着关爱的口号，但在具体的教育行为中，我们可能就会无视学生的存在，习惯于按自己的意志来定夺是非标准，制定管理要求，并且更多地从成人的角度出发要求学生必须遵守，这实际上是一种控制性德育。其实，学生和教师是两个不同的世界，在认识上肯定存在偏差。校规的制定不能以牺牲学生的人性为代价。我们不能忘了尊重是教育的第一原则。养成教育专家孙云晓也认为，所谓现代教育理念，其核心就是"尊重"二字。何为尊重呢？全国尊重教育课题组负责人闫玉双老师做了这样的解释：尊重指尊重人的尊严，尊重人的基本权利和责任，尊重人的价值，尊重人在发展中的主体地位。

一个个鲜活的、具体的、完整的生命是教育最基本的出发点。教育的产生源自人的生命发展的需要，教育的目的是促进人生命的发展、提高生命的质量，教育必须通过人来实现。强调学生的参与，不再把学生当成接受者和被灌输者，是教育理念的真正转变。学生的生活背景不同，其具有的道德水平也不同，他们了解自己的内在需求，知道自己需要什么样的制度。因此，理论上更应该由学生参与校规的制定。虽然他们可能会提出一些不一定符合现实和社会的要求，但在学生参与校规制定的过程中，我们可以从中清晰地了解学生的内在需求，并且在全面征求学生意见的基础上由学校管理者制定出来的校规会更有人性，也更具操作性和实效性。

反思三：构建高档次的校园环境和悬挂反映新教育理念的标语、口号就是学校的德育文化吗？

一些学校把物质文化育人简单地理解为学校物质条件育人，在实施学校文化建设时，把重点放在学校物质条件的改善上，甚至追求设施设备的豪华、"大而全"和"一次性到位"，却很少考虑深层次的物质文化，即创造、认识、利用和对待物质环境和条件的方式、态度与价值观等。其实，学校的大楼、设施设备不在于精美和华丽，而在于适用、实用和高利用率，在于能为师生创设发展的空间，并且又节约物力和财力。

学校文化的表现形式有多种，常外显为文化气息。校旗、校训甚至校园内石头上镌刻的名言警句等，都属于学校的一种文化气息。文化气息不一定成为学校文化。当文化气息蕴含的精神内容被师生接受，转化成相应的思想和行为时，它就会成为学校的德育文化。学校精神文化，包括表层精神文化和深层精神文化，深层精神文化落后于表层精神文化。文字和口头形式的办学理念、校训与校风的表述都有了，但师生的价值取向和思维方式等并未改变。有的学校的德育管理继续是量化与形式化，德育依旧是无情的扣分过程，无任何人道色彩，它们把量化评比当作检验德育成效的标志，只关注行为表现本身，而不去思考行为背后的动机，这是一种唯行为化的控制性教育。对于学生来说，他们势必会千方百计地考虑如何不被扣分，怎样才能加分。完全用检查、评比、扣分就能代替整个德育吗？唯有发生在学生层面的并且与之内心产生真实互动，形成理性思辨和生命体验的德育，才是真实有效的德育。

反思四：榜样的力量真的是无穷的吗？

长期以来，我们相信"榜样的力量是无穷的"这一经典名言。过去，通过学习先进人物鼓舞了一代又一代的青少年，帮助他们树立了科学的世界观和价值观。共产主义的远大理想、英雄的光辉形象和崇高道德的抽象教条几乎占据了德育的全部内容，这恰恰严重脱离了道德教育的生活根基，造成了理想与现实的脱节。

道德是为了提高个人生命质量而产生的，不是为体现道德而产生的。德育就是实现个人价值与社会价值的指导，换句话说，就是协调好个人价值与社会价值的关系，从而找到两者之间的结合点。在现代社会中，道德的核心是公平。长期以来，我国把利他、奉献和自我牺牲等视为道德的核心，从而失去了个人的自我。每个人的生命都是可贵的，都应珍视。人性是德育的起点，也是德育的终点，是德育的立身之本。因此，道德教育必须关注学生生活的世界，走"先成人，再成圣"的发展道路。学校首先应该教学生成为普通人，做遵守社会基本规范的社会成员。其次，要教学生做具有生命活力和鲜明个性的人。"学做普通人"应该成为学校德育的一个基本目标。当然，这并不是反对培养学生的远大理想，这种高尚的道德追求是人类的理想所在。对青少年的道德教育应该根据人的发展规律，不能任意地拔高、破坏道德成长的规律性。校园内切忌用毫无针对性的、空洞的、理想化的、不具体的道德目标来要求学生。

物化的德育是用种种条条框框来限制学生，从多方面控制学生。人性化的德育则从单纯地对学生的约束、控制走向促进学生的发展和完善。第一，学校德育工作的全部出发点和落脚点是促进每个学生道德生命的自由成长。学校的每一位员工都是德育工作者和德育教科书，通过人品、言行为学生创造民主、平等、公正、充满人文关怀的学校生活。第二，德育的目标具有层次和内容的易接受性，从低到高依次是道德底线、道德标准、道德理想。道德底线是不损人，这应该贯穿在所有师生的行为规范当中。第三，人道主义是学校德育文化的基调。学校的一切道德教育均应体现人性化和生活化。第四，师生在学校精神家园中共同成长，教师绝非学生灵魂的塑造者。第五，道德力量主要来自富有魅力和充满活力的学校文化，德育是无痕的。

育人发生在不经意之间

育人是教师的第一要务。把育人内化于心，成为工作和生活的习惯，是教师的至高境界。想要做一个好教师，对学生没有爱心是绝对不行的。每个学生的心中都有一把锁，如果你有开启这把锁的钥匙，你就打开了一个美丽的世界。开启不同学生的心灵的钥匙是各种各样的，但有一点绝对相同，就是必须用真情、用爱做成。有时候，教育的力量和崇高不在于说了多么正确的话，做了多么伟大的事，而在于平时一点一滴的让人感动的小事上，让其成为奉献习惯的职业意识和职业操守。

教师最大的成功不是带的班有多高的升学率，而是教师为学生创造了多少有利于他们人生幸福和成功的环境条件。学生对教师的怀念程度就是衡量教师事业成功的一个指标。有一个毕业多年的学生，我并没有直接教过他文化课，但如今已是空军飞行学员的他不管走到哪里，每到节日我必然会收到他温暖的祝福。原因很简单，我的一句话改变了他人生的轨迹。我对他说："你潜力很大，应该读高中。"就这样，他打消了准备初中毕业后去做生意的念头。

在云南大理进行教育考察时，我突然接到一位学生的电话："您能不能去看我的演出，我是男一号。"他在那部国内投资最大的大型音乐剧中担任 B 角男一号，我生活的城市是该剧在全国巡演的第一站，演出相当轰动。他初中毕业时，文化成绩不太理想准备上一所职业中学，我发现了他表演和歌唱的潜质，对他说："你读本校的高中艺术班吧。"在高中还没毕业的时候，他就获得了全国模仿秀比赛的冠军，是全校的大明星。三年后，他顺利迈进了他梦寐以求的艺术殿堂。

我当班主任时，得知本班一位学生的身体不好，便询问他家长，他母亲说："这孩子胃不好，经常呕吐，吃了许多药，还做过许多胃检查，就是治不好。"我想到一些生物专业知识，便建议："呕吐与脑干有联系，你去做个脑部 CT 吧。"家长照我的方法去做了，告诉我，孩子的脑部长着一颗肿瘤！接下来，为这学生动手术的医生正好就是我班另一位学生的家长。当学生被推进手术室时，我也守在了手术室的门外，直到他手术顺利结束我才赶回学校。那位家长逢人就说孩子的老师救了孩子的命，其实，这就是老师的一种责任。

这是我在我的教育生涯中亲历的几个例子，没有惊天动地，没有震惊四野，只是出于教育者对于每个学生的期望、尊重与不放弃，在不经意间触动了学生，促使其人生轨迹发生了转变。这几个例子的背后实际上反映的是教师与学生的良性互动。教师在教育学生的过程中，能否尊重学生的人格和情感，往往体现在一些小事上。教师在处理小事的过程中不能抱着"我是为了你好"的简单心理，一味强调呆板的"理、制、法、规"而忽略了学生微妙的"情"。这微妙的"情"往往在教育的过程中起着关键的，甚至决定性的作用，因此教师应尽量做到合情合理、情理协调，以求教育的最大效果。

顺便说一下学生违纪行为。学生的很多违纪行为都可以通过优化的教学设计、熟练的教学方法、及时的教学管理得以克服。观察优秀教师的课堂教学，我们可以看到他们能巧妙地调动学生的兴趣，善于利用无意注意与有意注意转换的规律，牢牢抓住学生的注意力，使学生在轻松、有趣的气氛中不知不觉明白问题。然而，在实际教学中有些学生的违纪行为是被教师"逼"出来的。上这些教师的课，共同的感觉是枯燥、凌乱、拖沓、压抑、沉闷或嘈杂，无法激起学生的好奇心与兴趣，需要他们调动极大的意志才能坚持听下来。教师，不是神，孰能无过？过而改之，这丝毫不损教师的尊严。相反，一个敢于对自己的错误真诚追悔的教师，他定能成为学生人生道路中一枚鲜红的路标，激励学生在人生的路上树立正确的目标，不断战胜自我，一步步走向卓越。也正因如此，教师更应把育人内化于自己的思想与言行中，时刻牢记人的复杂性、可塑性和发展性，真正站在以人为本的立场上看待作为不同阶段的人的教师和学生。

第五章

园有界，校无疆

21世纪的今天，学校、家庭、社会是教育的三大支柱，三者相互依存，协调发展。形成"三结合"的教育网络，才能提高育人效果。"和谐互动"是实施"三结合"教育追求的最高境界，学校要更好地为家庭和社会提供教育服务，才能办好人民满意的教育。

一、泛舟于湖当须家校合桨

令人仰视的家长

一个星期六，我在学校值班。一位家长推开了我办公室的门。

我热情地请他坐下，给他倒上了一杯热茶。家长看上去大约50岁，眼睛稍微有点缺陷。从穿着上看，像是进城务工的民工。

他说，他早就听说我校有一个设施相当不错的乒乓球馆、一位大名鼎鼎的乒乓球专业教练、一支在本市青少年比赛中所向披靡的乒乓球队。这是一个很特殊的民工。

我向前探了探身子。开始仔细聆听他的叙说。

他有两个孩子，大儿子已经大学毕业，工作了。这次他是为读高一的小儿子找学校。提到两个儿子，他幸福之情溢于言表。他在本市边远的一个区县，过去在农村，是一个村主任。前几年土地被用来修水库了，一夜之间全家就成了城里人。夫妇俩不断在城里打工，供养两个儿子读书。

我问："你小儿子要转学，就是为了打乒乓球？"他点点头，补充道："还因为学校的办学质量好。我儿子到了你们学校不仅能使训练得到保证而且学习也不会放松。"我兴趣大增："何不把孩子带到学校看看?"他转身找他孩子去了。

没多久，一个高高大大非常标志的帅小伙腼腆地出现在我面前。民工推推儿子："娃儿参加全国乒乓球比赛获单打第三名。你看看，他的右手天生没有。"我这才意识到孩子右边衣袖是空空的。孩子是参加全国残疾人运动会得的奖。现在正由本市体育局组织封闭训练，备战下个月的全国残疾人体育锦标赛(2008年残疾人奥运会选拔赛)。封闭训练的地方就在我校附近。在本市青少年乒乓球赛上，孩子曾与我校队员同场竞技，还获单打名次。对于他来说，能读我校是他的渴望。

孩子怎么训练的呢？他父亲晚上在一个酒楼守夜，挣点生活费，白天就给孩子当陪练。孩子在当地区县与身体健全的成年人比赛照样获冠军。父亲很骄傲："在我区正常人和本市残疾人中，我娃已经没有对手了。"

令我吃惊的是，至今他们家里的房顶居然还在漏雨，这个家庭居然还在吃着低保！但是，我看不见他们对生活的一点点沮丧。父亲非常感激政府："因为我家里有两个远亲在国外，今年春节市侨联还专门到我家发给我500元的慰问费。"这是一个阳光的父亲，因为有了他才有阳光的孩子！

我见过无数的家长，但是，我第一次听到家长说出这样的话："我是党员，我能吃苦。"一句平实的话语在我心中是一种强烈的震撼！我明白了他的孩子为什么这么坚强。

在学校，最重要的人际关系就是师生关系。师生的教与学，是一种心灵与心灵的沟通、思想与思想的交流、生命与生命的成长。过去，我们常常俯视学生，现在进步了，我们可以放下架子主动蹲下来与学生说话了，这是一种平视。然而，有时我们还应该仰视！

付出与回报

曾经家喻户晓的一位明星是我校学生家长，班主任一个电话打过去，请他代表全校家长在新学年开学典礼上发言，他二话不说立马答应。第一天他赶拍通宵戏，凌晨4点结束，第二天早上8点他风尘仆仆赶到学校，发表了情真意切的精彩讲话。这位家长是一位很有责任感、对人很热情的公众人物。全校教师对他的表现相当满意。

开学第一天，我与校长助理到教学楼巡视晚自习。在一间办公室里，我发现有两个人在办公，其中一人我不认识，因为今年新进 30 名教师，可能我糊涂了，记不住了，我忙问助理，他也不认识。后来，我才得知是一位学生家长。办公室的那位老师曾经当过她的双胞胎孩子的班主任，家长的两个孩子考进名牌大学，现已工作。教师和家长在过去的交往中，结下了深厚的友谊，如今她们已成了亲密的好姐妹。这位教师是一个工作极度认真的人，多年单身一人带着自己的儿子，教学任务相当繁重。在双胞胎孩子中学毕业甚至已经大学毕业之后，这位家长还为教师送来自己亲手做的饭菜。教师能收获学生的爱，还能收获家长的友情。

前者，孩子还在学校念书；后者，孩子已经离开学校多年。虽然我完全相信我这位明星家长顾不上休息赶到学校纯粹是表示对教师工作的感谢，但最能体现家长对教师发自内心的客观评价是双方毫无利害关系的时候。因此，后者更让我感动，更能让那位教师体验到做教师的幸福感。

当孩子还在自己手下学习时，教师接受家长的宴请和馈赠是万万不能的。当孩子已经离开学校，家长还再"送礼"，那就心安理得地接受。当然，教师向家长主动索要，家长碍于面子不得不送礼不在此范围内。有时，我们会听到教师对某些家长势利行为进行的猛烈抨击，愤慨某些家长对过去孩子的教师"形同路人"，大呼把家长看明白了，自己看透了这个虚伪的世界。其实，我们一是不要过分看重付出之后必有回报，二是反思我们过去的教育行为是否真的能让家长满意。当学生毕业后，还能得到家长的首肯则是对教师工作的最高评价，这种评价甚至比教育部门选出来的什么"先进""优秀"更有价值。因为教师已经走进学生和家长的心灵，像暖暖的阳光融进他们整个生命中了。

家校和谐，为孩子的成长撑起一片蓝天

德育工作以家庭教育为突破口，学校指导家庭、帮助家庭建立起有利于学生健康发展的教育环境。发挥学校教育主导作用和家庭教育基础作用，形成育人合力，为学生的和谐发展奠定了基础。

首先是增强家校共育的意识。增强学校的家校共育意识，尤其是增强学校领导班子的意识，这就要求我们不仅在日常工作中重视家校合作教育，还将家校共育纳入学校的工作计划中，制定有关家校共育的规章

制度，使家校共育工作成为学校领导的重要"分内事"。增强教师的家校共育意识，就要求全校教师主动、自发地开展一系列家校共育活动，在校园中形成家校共育的浓厚氛围。增强家长的家校共育意识，这就要求家校共育改变原先只有部分家长合作的被动局面，使家长意识到应将家校共育工作从"分外事"向"分内事"转变，让他们积极参与各类家校共育大型活动。

其次是密切家校之间的关系。通过开展各种丰富多彩的家校共育活动，使家长经常有机会与学校进行近距离的接触。家长通过参与学校管理、校内外活动，不仅能增强对学校办学的可信度，同时也能密切家校之间的关系，使家长真正成为学校的"重要因子"。

最后是提升学生的生命质量。通过家校共育的活动，能丰富学生的校园生活，丰富他们的精神世界，使学生生活态度更乐观、生活方式更健康、生活信念更积极、生活情趣更高雅，使他们懂得感恩，懂得回报父母，从而促进学生的健康成长，也促进家庭关系的和谐共生。

"父母是孩子的第一任教师"，家庭教育因其特殊的地位和影响，在学生的教育中有着举足轻重的作用。只有当学校教育与家庭教育形成了合力，教育才会收到事半功倍的效果。所以与家长沟通，争取家长的配合，帮助家长改进教育方式、方法，就显得尤为重要。具体有以下几种做法。第一，定期召开家长会。我校每个学期寄宿班都会召开 1～2 次家长会。家长会的形式也是多种多样的，如座谈式、讲座式、主题队会式等，除向家长汇报学生的学习情况外，也帮助家长树立正确的育人观、科学的教育观。不定期地请个别学生家长到校，分析学生存在的典型问题，及时让家长了解学生的成长情况，恰到好处地对家长给予指导。第二，制作家校联系本。每周填写一次家校联系本，让家长对学生一周的学习、纪律、品行和住校情况有一个具体的了解，并设有班主任寄语、家长寄语，时时鼓励学生为新的目标努力。第三，利用网络加强与家长的联系。我校开通了"金色年华"家校沟通网，充分利用网络便利、迅捷的优势，及时与家长取得联系，并在网上交流教育学生的心得体会。第四，开展家访活动。当学生取得好成绩时、当学生生病住院时、当学生遇到学业上的困难时，都及时地与家长联系，和家长一起关心、鼓励、帮助学生。

此外，班级教师还引导家长学习家教经验，吸取教训。针对一些家长教育简单化的状况，我们向家长推荐了一些有关家教的书籍，如《赏识你的孩子》《家教》《请给孩子松绑》等，还将收集到的家教或成功或失败的案例拿给家长传阅。让家长从一些成功父母身上学习经验，从一些失败的父母身上吸取教训，根据自己孩子的特点，循序渐进地教育孩子。学校还在校刊《铁中》中专门开设了家教板块，用以刊登一些关于家庭教育的文章。

以活动为载体，增进父母与孩子的感情。在妇女节、母亲节时，学校要求各班召开感恩主题活动，为学生制定了实施回报父母的方案。在中秋节时开展"我爱我家"的活动，让学生知道自己父母的生日、父母的工作经历、父母的工作业绩等，培养学生的孝心。在"感动铁中星光奖"的评选活动中，有专门为家长设的奖，如2008年的一名叫曹阳海的家长因动人的养父情感动了全校师生，被授予当年的感动校园星光奖；有的陪自己的孩子一起走过红地毯，分享孩子成功的喜悦，如星光奖获得者左旭冬同学，搀扶着有小儿麻痹症的父亲，满脸阳光地走上红地毯。这位孝顺而坚强的女孩让在场的许多人热泪盈眶。她的父亲说："因患有严重的残疾，现在每走一步路，神经都很痛，但是，看到女儿这么有出息，还邀请他在全校师生面前走红地毯，我感到自豪和高兴！"我想，这位父亲从来没有受到过这么高的礼遇，孩子的荣耀让他们享受着为人父母的幸福，这是学校应该给他们的！给家长爱与关怀，给家长养育孩子的感谢和成功的激励，这是学校的另一份责任。通过这些活动，家长感受到了幸福，孩子也变得更加成熟。

二、弦歌何止月湖上

专家就是专家

专家之所以被称为专家，肯定有他的独到之处。

最近，我校艺术团的独舞和双人舞在本区艺术节上的两项组别比赛中获得了冠军，这多亏一位专家的点拨。他是一名青年舞蹈家，曾两次荣获全国"桃李杯"舞蹈大赛一等奖，在宁波举办过两场舞蹈专场，好评如潮。

从这位专家对学生的辅导中，我获得了很多启发。

有的学生的舞蹈有着特别明显的缺点，如独舞节奏感差、双人舞整体性欠缺，连我这个外行也看得出来。但是，当我指出来这些缺点后，学生的改进甚微。但专家却认为，学生已经跳得很不错了。他更多的是思考教师的方法是否有问题。他问跳独舞的小演员："你知道这个舞蹈跳的是什么吗？"小演员瞪大双眼，摇摇头。她确确实实把每个动作都做了，而且舞功也很好，但她不是发自内心地去舞蹈，而是像做规定动作的广播操。于是，专家就认为这是教师没有真正激发学生内在潜能造成的。双人舞出现一男一女各跳各的，被专家一针见血地指出来，这是教师在舞蹈编排上出现了问题。反思我们在以往的教学中，为什么我们往往在学生出现问题时，总是千方百计从学生身上找原因？这是一种对教育工作不负责任的推卸。这位专家对我说："我总是从自己身上找原因。"因此，他硕果累累，辅导的学生参加全国"桃李杯"舞蹈大赛屡屡获大奖，取得了本市历史性的突破。

这位专家对学生的赏识是由衷的，人很真诚，他在学生面前的微笑是从心底流露出来的。在北京舞蹈学院附中部和大学部，他不知见过多少舞林高手，他现在的教学对象也是吃专业饭的学生。但在我校，他在我们学校这些业余演员面前，没有一丝一毫的不耐烦，他总能很快找到每个学生的优点，对待不同的学生他也会有不同的要求。

真正的专家因为已经达到了一定的高度，他们眼界开阔，境界也宽阔，他们内心是纯净而平静的。在一次业务培训时，我校一位班主任给我说过这样一句话："我导师人很简单，就知道做学问。"他的导师是一位赫赫有名的教育专家。在这个培训班里还有一些全国知名学校的校长，他们身上露出的是灵气、才气、大气、客气和书卷气。我这位舞蹈家朋友也如此。在台上，他充满阳刚活力，激情四射，享受着经久不息的掌声，在台下，他却是一位有点木讷、性格内向的人。专家的专业与生活，就像是生长在热带与寒带的两种植物。大凡有内涵、有深度的人，我们知道他辉煌的荣耀，绝对不是他自己亲口告诉的。

专家就是专家！

面向社会，开放办学

我们要充分发挥社区教育的辅助作用，组织学生积极参与社区实践活动，形成为社会服务的思想与习惯。"和谐互动"是实施三结合教育追求的最高境界，学校要更好地为家庭和社会提供教育服务，才能办好人民满意的教育。在多年来的三结合教育实践中，我校实现了社区内教育资源共享，既注意拓展社会教育资源，又注重开放学校教育资源。

面向社会，开放办学。我们始终认为，教育的使命不是为了个别孩子的成长，而是为了促进整个社会的进步。一花独放不是春，百花争艳春满园。为了把我校的先进做法和先进经验向社会推广，我们并不避讳媒体，甚至有了新鲜事时我们会主动请媒体来报道，以期我们的成功做法能得到同行的效仿，能让更多的孩子受益。我们还积极参加了许多社会性的互动，如 2010 年寒假，我校迎来了"2010 台湾青年孔子行脚"的台湾师范大学的 11 位朋友，他们和我校师生进行了为期一周的文化交流活动。借孔子行脚，促两岸教育，杏坛结缘定会让两地情谊绵延不断，长长久久。

走向社会，提高育人质量。我们认为，学校只是孩子成长的一个舞台，要想提高办学质量，需要把孩子推向社会，让他们在社会实践中学会做人、学会做事。为此，学校开展了慰问孤寡老人活动、参加社区组织的假期社会实践活动、参加社区植树活动和社区文艺晚会等，充分发挥了生活育人和社会育人的作用，进一步提高了学生的综合能力。

第六章

让生命更加闪耀

"用教育的激情和智慧点燃每一个孩子的梦想!"这是我在重庆工作时,作为奥运火炬手接受本地音乐台采访时说的一句宣传语。教育工作者不是轻而易举就能点燃别人梦想的。教育观念的更新、与世俗偏见的抗争、排除阻挠前进步伐的各种纷纷扰扰需要一种坚强的毅力、一种百折不挠的精神、一种永远追求理想的激情。办学还需要智慧,有了能够传授给学生的学科知识,不一定就拥有了教育智慧。从愚笨到聪明,不是人人都能迈过去的路程。

一、回归教育的自在形态

"边缘"学校离教育本真却最近

我曾访问过一所被人认为的所谓边缘学校,这个"边缘"不是"边远",而是很多人顾不上关注的学校。在我心中,这所学校,具有活力、具有人文气质,质朴而真诚。这所学校的升学率不一定令人瞩目,学校的荣誉奖牌不一定琳琅满目,但它却是我看到的一所不哗众取宠、真正在办学的学校。

校长是一位不断更新自我、不断学习、毫不张扬、思想活跃、沉心搞教育的知性女子。她对教师的培训不是单纯的教书技能和技巧的训练,而是从内心深处去调整他们的心态,最大限度地挖掘他们生命的潜能和点燃他们生命的激情。她引入商界的高端心智培训,让干部和教师打开心扉,重新认识自己和别人,重建优秀的团队。她会让干部和教师自愿、自费参加培训,她说:"如果参加培训后认为不值,我可以用我的钱退还大家的培训费。大不了我卖掉自己的一套房。"这位校长与自愿参加的干部和教师一道参与灵魂的洗礼，经过痛苦的自我解剖、精神压力的宣泄与舒缓、内在潜能的激发，重新塑造崭新的自我。

如今，这所学校许多干部教师的人生观、教育观和学生观都发生了极大的变化，越来越多的干部教师都开始以良好的心态对待工作和名利。一位机关职员从原来的"事不关己高高挂起"到主动进班参加助教工作、主动写教学反思、主动谋划学校的教育发展。节日里，该校一些干部教师主动到校外当义工，不怕脏、不怕累为社会服务……

我问她："通过极具实效的员工培训，你和教师之间发生了什么样的变化？""有了人生的梦想！"如果用欣赏的眼光看待我们的事业、我们的同事和亲人，那一定是绚丽多彩的。学校的教师主动与她拥抱成为一件再平常不过的事情。这位校长进行大胆的课堂改革，带头担任成绩最差的一个毕业班的教学工作。她坚信"生本教育"的理念，邀请当代知名教育家"生本教育"创始人郭思乐教授亲临学校指导，融合现代课堂改革的各家之长，切合本校的实际，探索一条科学提质之路。她带领学科教师进行了为期一个学年的实验，这个班学生主动学习的积极性日益高涨，学习成绩有了明显的提高。以语文学科为例，不到一个学年，该班平均分与最好班级之间的差距从 28.7 分缩小到 2 分，名列全年级第二。

现今，一些校长还在忙于觥筹交错，用人情和酒精编织关系网的时候，还有一部分很"笨"的校长埋头痴迷于那一亩三分地。以官爵的心态当校长与以教师的心态当校长是两种不同的人生境界和事业高度。

她说："我在力所能及的小范围内营造一个宜人的气候，让我和我的老师追求人生的梦想！"

"你的力量太小了。"

"你知道蝴蝶效应吗？我愿做那只扇动翅膀的蝴蝶！"

我看到了她坚定的眼神。

学校教育任重道远

《课堂内外》杂志社副总编辑聂荣先生在网上谈过一件事，名为"浴巾的用途"：傍晚游泳完后，我发现一长相帅气穿着讲究的小伙，用浴巾擦完身、擦完脚后，非常精细地擦了几下本已锃亮的皮鞋。

他点名要几位好友评论。重庆南开中学田祥平校长说："教育的结果应是人前要有约束，人后要有自觉。任重道远，共同努力。"重庆巴蜀中学张勇书记说："道德由舆论规范，法律由刑罚惩戒。公民意识教育任重道远。"重庆晚报教育记者汤寒锋老师说："教育就是让道德成为习惯。"我认为："勿以恶小而为之，勿以善小而不为。文明素养的提升任重而道远。"四位发言者，有三位用了"任重道远"。由此看来，办教育，要有一种担当意识。

当毕业生离开母校时，他们带走的不只是分数，更多的是融于血脉中的做人、做事的智慧与人文精神，那是一笔无尽的财富。

教育城乡统筹的三个追问

20 世纪 80 年代以来，在教育资源稀缺的情况下，学校逐渐形成以城市为中心的格局，城乡教育出现越来越严重的失衡。随着国家教育资源的日益充裕，加强教育城乡统筹，促进教育均衡发展成为当前教育的主旋律。在统筹城乡教育过程中，价值导向决定着城乡教育的未来走势。

在参与农村学校对口帮扶，开展一体化统筹建设的过程中，我有三个问题要问。

追问一：城市学校与农村学校之间的关系就是绝对的帮助和被帮助、支援和被支援的关系吗？

我校与一所农村中学是十多年的联谊学校，现在成了对口帮扶一体化学校，现在一学年结束，我将接受农村中学全体教职工的工作评议。那所学校的教师对我充满了一种期待，这种期待我读到的是关于物质方面的支援。我去农村学校时常常听到校长说："你们来帮助我们吧。"城市学校与农村学校之间的关系就是绝对的帮助和被帮助、支援和被支援关系吗？我想不应该在这一点上就止步了。教育城乡统筹不是教育资源的单项补偿，而是双向的互补共进。城乡一体化学校是相互借鉴而互动提高的共同体。

城乡教育间的互补性，表现在城市学校可以为农村学校提供更多先进的教学策略，而农村学校可以为城市学校提供更多朴实的人文力量。不管是城市，还是农村，每所学校都有其自身的优势和可贵之处。城市学校与农村学校间的交流与合作，才能碰撞出教育智慧，促进学校的良性发展，这才是城乡统筹的目的。两所学校共同组织联合教研，共同举办校刊和教育论坛，进行思想的交锋与教育方法的研讨，不但有益于农村学校优化教育策略，也为我校带来了与原来不一样的教育见解。每次去农村中学工作我总要带上学校的干部或教师，让他们感受农村教师在艰苦环境下的工作状态和生活状态，学习他们对教育的无私奉献与执着追求，这也正是城市学校在师资队伍建设中最需要的品质。我曾在全校教职工大会上感叹："我们真的不知道究竟是谁在帮扶谁？结对学校是我校一笔宝贵的教育资源。"我校教师为一所农村中学教师所展现出的教育智慧和精神品质而感到极大的感动和震撼。

追问二：所谓一体化，就是城乡学校同步、同质发展吗？

教委率先提出管理或帮扶一体化。所谓一体化，就是城乡学校同步同质发展吗？我校能够将长期培育的"星光文化"简单地移植到与本校在教育环境上迥异的结对农村中学里去吗？我想，城乡教育统筹发展不应是城乡学校的同质发展。

每所学校有每所学校的发展背景、人文特色和文化传承，具有异质性。用建设城市学校的方式去建设农村学校，城市有什么就给农村什么，这不是真正的城乡教育一体化。城乡教育统筹，不是实现城乡学校的同质化，不是用城市学校的模式去套用到农村学校中，也不是城市学校套用农村学校的发展路径，否则，不会助长彼此的发展，反而会成为彼此发展的障碍。因此，城市学校与农村学校应站在各自的教育情境中，取长补短，走自己的特色发展之路。

受教育环境的影响，大家对农村学校与城市学校的办学期待不同，农村学校与城市学校走的发展道路也不同。如果我们用城市学校的标准，来评价苏霍姆林斯基的帕夫雷什中学，可能就不是一所优质学校，可它却是一所以快乐教育作为办学特色的优异的乡村学校。

追问三：隐形的深层次的教育失衡发生在什么地方呢？

当城乡学校沿着各自的轨迹成长时，当我们在试图缩小城乡教育的差距时，往往会注意到显性的教育失衡，如师资、财力、教育设施等方面的投入。而隐形的深层次的教育失衡发生在什么地方呢？是在课堂上，是在具体课堂中学生受教育权利的不平等和受教育机会的不均等上。同一学校或同一班级的学生虽然生活在同样的教育环境中，但真正给学生学习带来直接影响的，却是课堂教学中教师的教学行为。有的学生一堂课可以被教师提问三到五次，可有的学生一学期也就被教师提问三到五次，他们虽然在同一所学校、在同一间教室里，但他们受到的教育就均衡了吗？非也！

　　无论是城市学校还是农村学校都存在着隐形的教育失衡。解决这种隐形失衡更多地需要学校在内部微观层面上进行调整与优化。在我校关于学生对课堂教学质量的评价量表会中结对学校校长曾参加过我们对这个问题的专题研讨。在会上，干部们为其中的评价指标争论得面红耳赤，为的是什么？为的是站在学生的立场上，尽量通过有效的评估和督导减少课堂教学的隐形失衡。因此，在缩小城乡学校教育差距的同时，关注学校内部的教育均衡，尤其是关注课堂均衡，也是城乡统筹的核心工作之一。

　　总之，在教育城乡统筹过程中，我们要明确城乡教育一体化学校之间的双向互动关系，在各自办学基础上走特色发展之路。此外，还要通过课堂均衡，对学校内部进行深层次的优化发展，以学校内部教育的小均衡促进城乡教育的大统筹。

回归教育的自然状态

　　教育需要回归最自然的状态，回归真正的原点，为学生的幸福而努力。只有少数班享受优质教育，不面向全体学生的办学违背了教育的职业道德，全校积极向上的教风和学风也不可能形成。在昌乐二中，书卷气是一个人最好的气质，书香气就是学校最好的氛围；在即墨28中，没有一个垃圾桶，地上没有纸屑，学生文明习惯好，助人为乐在学校蔚然成风。于这样的学校而言，高考和中考成绩只是办学的副产品，它们最亮丽的办学成就是每一个学生心智的健康成长，真正实现了"好好学习，天天向上"。如果我们的办学能把每个学生都当成自己的孩子，或者创建自己希望自己孩子将要就读的学校模式，基于这样角度的思考，我们的教育行为将更有爱心，也更科学、更理性。我遇到过两位教育背景不同的孩子，给他们提供了具有针对性支持，帮助他们获得了幸福的能力。

　　第一个孩子是名人家里丰衣足食的帅小伙。这孩子生得白净，是体尖生，在当地一所名校读中学。家里生活很优越，有保姆、有家庭教师。这样的条件让他成了学校里耀眼的"明星"，但这也让他形成了一种心理定势——总是抱怨自己被批评得最狠、被惩罚得最重，社会对他不公平，日积月累，他的心理出现了一些问题：性格变得越来越内向，个性也不再张扬，做事疲沓，对自己没有自信心，开始有严重的洁癖，学习松懈，有畏难情绪，甚至还有某种程度的厌世心理。孩子由于大运动量的体育训练，再加上学习基础薄弱，已经跟不上班里的学习进度了，一段时间后就只好休学，亲子关系也因此极度僵持。面对一个这样背景的孩子，我先与孩子单独交谈，根据孩子的个性状况选择适合他的班主任。他与陌生人接触时有生疏感，但和他面对面谈话时，我能感觉到这是一个单纯的孩子，一个在蜜罐里长大、生活充满阳光的受到众人百般呵护的懒散"娇子"。我对他说："你和你的同龄人没什么两样，你自身没有感觉到什么优越感，这很好。但物质条件丰厚对你的成长不一定就是一件好事。来这里就得过集体生活，包括容忍你同寝室的同学上床睡觉忘记了洗脚这种事。"

我选择了年级里最年轻的、很有工作热情、很有爱心的一位女班主任挑重担。当我把她叫到办公室后，她问："我班是不是要新进一个叫'×××'的学生？"我吃惊了，一项精心保密的"工程"就这样土崩瓦解了。原来，男孩曾用 QQ 与外界联系，给过去的一位好友发过他的去向信息。这么快就传到了新学校，这是数字化时代的神奇！

一个星期后，班主任说男孩虽然上课听不懂，但他能做到每节课不迟到，并且还能认真听讲。应该说，这很不简单，值得表扬！这位幸福的男孩能过上幸福的学生生活，能为今后的幸福生活奠定牢固的基石吗？现在还不太清楚，只不过我们知道我们会用心去认真对待。家长把孩子送到一所学校，虽然送的是一个孩子，实际上送的是他一生的理想，寄托的是整个家族的厚望。

第二个孩子是一位教师家里年少轻狂的"周笔畅"。这是一个长得很像周笔畅的女孩儿，第一次见到这个孩子时，我脱口而出："周笔畅！"孩子高兴极了。小女生应该对超女比较熟悉，管她是玉米、笔亲还是凉粉，只要老师的话里有他们平常使用频率很高的字词，保准能增强师生融洽度，从而迅速捕获他们的心。

孩子性格挺独特，疯狂地迷恋文学，立志要当作家。甚至在迎接中考本该争分夺秒的时候，她仍然在进行她的诗歌和散文的创作。由于信任我，她专门和母亲到我校把她的"诗歌散文集"送给我，并且一定要让我给她做个评价。我是学理出身，接过厚厚的笔记本，我的手都在发抖。但出于对孩子的尊重，我接下了如此艰巨的任务。孩子叮嘱我："可别弄丢了，不然，我会吐血的！"

我用了很多个夜晚，一页页研读这位初中女生的作品。

有些语句让我感到惊叹，因为很美妙。比如，"放荡，爆发脱开束缚的渴望；放荡，背负理想独自流浪；放荡，散发叛逆的欲望……"小姑娘把青春叛逆期的心理状态描绘得深入骨髓。

有些语句让我感到迷惑，因为很晦涩。比如，"燃烧的毒药让呼吸和云烟一起升腾，守候已久的爱情随着雪花溶化。"让我感到云里雾里。

有些语句让我感到沉闷，因为没有孩子的稚气，没有少年时的明艳色彩。比如，散文《忽然长大》中写道："凄美得刺伤心扉的文字，如历史的条纹铺在童年的画面中，已成过去……逝者如斯，告别曾经的童话，忽然长大……曾经的挚爱无影无踪，不可倒带，下一个季节带来的幻觉，没有预言。离索已定，过往曾经，空叹惜！"

这是一位我非常喜爱的文学痴迷者，一位非常有才华的女孩。在一个开明的幸福家庭里，她的思想比同龄人开放，国学功底和自我意识比同龄人更强。优美的语句可以在她的诗集里信手拈来。在华丽辞藻的背后，我感觉缺少了什么东西。通篇是以"自我"为中心，"我"的爱恋、"我"的失意、"我"的惆怅等。没有几束阳光透进她的字里行间，真所谓"为赋新词强说愁"。

我找到孩子，肯定了她对文学的喜爱，并给她列了一些书目，鼓励她多去了解社会、了解历史、了解世界，以积极乐观的心态去面对人生的难题，多与同学、朋友、师长交流，心向光明，健康向上。

给孩子幸福，仅仅提供优越的生活条件远远不够，更重要的是能让他们逐渐学会辩证地、客观地、理性地看待一切事务，学会大气，学会不仅关注自己的内心感受还要把自己放在一个特定的环境或一个社会大环境里去思考和认识问题。"少年不识愁滋味"这是大人对孩子强权性的误解，但是这个"愁"不是少年时期的主色调。当然，花季时期时而来点雨季，花儿会开得更加绚烂夺目。

希望这个孩子的文笔不仅如涓涓小溪般滑顺流畅，更希望她的文笔如大河奔涌般酣畅淋漓。

二、插上 AI 之翅

大数据诊断为了谁

宁波市第二中学地处宁波的文化高地——月湖，月湖历来是浙东地区的学术中心。具有千年讲学史和百年建校史的宁波市第二中学有着非常浓厚的文化氛围和学术气息。宁波市第二中学立志建成一所具有极大影响力的文化型、智慧型的学术高中。在日常的学校管理和校园生活中，现代信息技术的智慧化手段的运用已经渗透到办学的方方面面。师生刷脸进校、云平台基础上的平板教学、在大数据诊断下的教学管理等已经成为学校工作的常态。就连生涯指导课，师生使用网络技术和平板，通过双方的平等交互，更有利于教师个性化的指导和学生个体私密性的保护。甚至，在学生感兴趣的社团活动中、在选修课的开设上，我校也增加了大量信息技术的运用。

在新高考的大数据时代，宁波市第二中学围绕学生终身发展和学生的生涯指导，重构学校新生态。我们采用科学、系统且实效性高的专业指标和工具，通过分析学生学业成就、学科潜能、专业兴趣等发展状态，结合学生所处阶段及升学要求，为教师指导学生选择合理的发展路径提供依据，通过个体发展评估到优化现存教育教学策略，提升了学生的"元认知"能力。

对学校来说，要解决两个问题：一个是人的问题，另一个是术的问题。学校绝对要有人、要有人文、要有人性；我们对"术"的理解是，术是教育的艺术、专业的学术、助教育一臂之力的技术。我校寻找促进学生发展的突破口，运用大数据诊断，帮助教师更好地对学生进行生涯指导，激发学生内在的学习动力和潜能，提高学生真实的学习力。以前，我们关注的可能是学生的分数，而现在我们更多的是关注学生成长过程中的生长点。什么是生长点？就是学生的优势智能、学业优势、专业兴趣和志向等，能够重叠在一个点上，这个点我们就叫生长点。如果这个生长点，被我们找到，并进一步地被挖掘和发展，那么学校为学生的终身发展奠基才能真正落到实处。在我们学校每一位教师眼里，"没有学困生，只有差异"，我们的办学就是去成全学生，用每一个教育的细节体现对每一个学生的关注和热爱。

我校利用大数据诊断，围绕学生的发展，重构学校的新生态，主要通过以下四个方面进行。

一是利用科学的测评，进行综合的评估。

以前我们对学生的测查，主要是基于手工的传统统计，耗时、耗力，数据粗糙。新高考方案更多体现学习的选择性和个性化。选择选考学科，与选择以后的发展方向和职业生涯密切相关。选课有三个要素，即学业的优势、学科潜能和专业兴趣。又如，学业优势，是测评学科素养的问题，我们通过学科成绩对比、成绩的趋势分析等来测评学生的学业优势。通过对选课三要素的综合分析，参照高校专业的选考要求，为学生提供一些有效的依据。又如，学生个人学业优势的评估报告、学生学科能力的雷达图等。我校通过学术力量雄厚的专业团队，对学生进行学科潜能的分析，并根据学生的学业成绩利用专业软件进行一些相关性的分析和回归分析。当数据结果证明达到具有显著相关性时，我们就可以把学生的学科潜能作为指导学生生涯规划的依据。年级专业兴趣组群的分类统计，学生人格测评、多元智能、性格优势等统计数据，是平常教学管理走向精准化和个性化的重要工作依据。通过对学生的人格、性格优势、多元智能和专业兴趣进行全面评估，为学生推荐其匹配度最高的专业群组，帮助学生在众多的专业中找到适合自己的专业类别，这是关注学生发展的具体落实。

二是聚焦课程建设，注重生涯指导。

学校的课程建设不能缺少生涯规划课程。生涯规划的指导理念就是帮助学生去探索、尝试、体验，进而实现其自我成长。生涯规划指导体系的构建包括课程体系、探索与合作、职业体验、个体生涯咨询、团队建设。其中，课程体系包括两类课程：只为遇到更好自己的必修课和拨开选考迷雾的"学业—专业—就业"分析选修课。在课程教学中，通过生涯规划知识的传递、典型案例分析、课堂体验活动、小组讨论等形式，进行生涯的准备、自我的探究及对专业世界的探索，认识生涯、认识新高考环境、认识自己、认识专业并为自己做决定。由各教研组开发，通过分学科对"学业—专业—就业"的关系介绍为学生选课、选考以及职业规划提供具体材料。这部分的实施主体为各学科的资深科任教师。通过生涯规划课的开展，达到学生个体、学科和专业三者的匹配。我们拟订了9个专业兴趣群，通过大数据诊断，提出了9个专业兴趣群和所匹配的兴趣倾向、能力要求和学科要求，从而更全面地指导学生的学涯、职涯和生涯的协调统一。

三是聚焦教学变革，重构学习。

如今的教学是行政班与教学班并存，固定班教学与走班教学并存。在教学中，会产生大量的学习过程数据，蕴含着教与学的分析价值。我们在对学生成绩的分析中发现分数相同、知识结构也相同的学生，其学科能力却存在较大差异。在大数据的诊断下，对教学目标和内容进行精准定位，增大个性化的教学指导，改变了我们传统的教学模式，重构学习对我们提出了新的挑战。过去，我们对学生的学业分析，存在表面化的倾向，一谈到成绩差，就归咎于学生的不刻苦、不努力，但没有科学专业的分析，根本不知道学生在学科学习中究竟什么能力强，什么能力弱，更谈不上精准地为学生进行科学指导。在学科教学中，我们要渗透学生生涯指导的思想，关注学生的个性特色和多元智能，重构学习新生态。

四是丰富资源配置，服务学生发展。

让空间最大程度地满足不同学生的多元化发展。学校空间宜学化、资源化、特色化和个性化。我校有非常丰富的人文资源与自然资源，我们把学校的办学空间扩大，小校园变成大学校，开放办学，整个月湖景区都是我们的校园。我们提出"玩转二中""玩转月湖""享受学习"，学校专门开发了"月湖寻宝"课程群。通过很多的项目式学习、社会实践活动，以及到职高学校学习一些职业技能，进行普职融通，寻找人生成长的生长点。

在围绕学生发展，利用信息技术作为载体进行学校生态重构时，我们要注意：教师信息技术的培训要及时跟进，教学信息要及时更新，生涯指导要与现代信息技术相融合，办学要反映学生的真实需求，一切以学生发展为办学的归宿，教育回到原点，教育者不能眼中只有数据，更应有"人"。

手机焦虑需以"智"消解

网络时代，世界变化的速度早已超乎人们的想象。今天的家长，已经很难用自己在父母那里学到的教育方式来教育自己的子女。焦虑，成了当代父母在子女教育问题上的共同心态。其中，手机焦虑几乎可以排在第一位。

我想大家对这样的场景不会陌生，孩子吃饭拿着手机、看电视拿着手机、坐着拿着手机、躺着也拿着手机，甚至拿着手机在厕所里一蹲就是半小时，任由父母在门口"砰砰"地敲门，他也无动于衷！我还曾经听家长抱怨，自己家的孩子去洗澡的时候，手里还拿着手机。有了手机，孩子在家里就似乎成了"置身事外"的陌生人，自得其乐，不和家长交流，似乎是家里的寄生人。于是，家长会疑问，他们用手机到底在干什么？

有一个研究所对一个地区的所有高中生进行了一个关于"手机的功用"的调研访谈。结果显示，高中生用手机做得最多的是通话、听歌以及社交。通话本是手机最原始的交流功能，所以这个结果实属意料之中。用手机听歌我们也可以理解，高中阶段，学习压力大，音乐作为一种娱乐和解压的方式简便易得。孩子用正常途径缓解压力是我们家长希望看到的。

手机另外一个功用就是社交。家长会疑惑，为什么有这么多的孩子迷恋网上的虚拟社交？其实这不仅仅是孩子才有的问题，成人的世界又何尝不是？有句话说，世界上最遥远的距离不是生与死的距离，而是我在你身边，你却低头玩手机。一家人在团圆的时候连我们大人都抵挡不住手机的诱惑，在片刻的时间里，还忙着拿手机拍照发朋友圈，忙着点赞评论，那人际关系渐渐地由现实走向虚拟，这是我们非常担忧的。

我在重庆铁路中学当校长的时候，智能手机的使用还不是很普及，当时手机对人生活的影响远没有现在剧烈，但是家长对孩子沉溺手机的焦虑早早就开始了。一位家长曾经找到我，说他的孩子深陷智能机游戏中，学习成绩直线下降。这位家长的焦虑让我开始思考学生使用智能手机的问题。于是，就此事我在网上发起了关于智能手机利与弊的讨论，请网友就智能手机的使用做出一个判断。网友主要有两种态度：一是把智能手机视为学生学习的洪水猛兽，主张坚决抵制；二是支持学生通过智能手机获得更多的知识和更广阔的视野，他们认为智能手机有助于学生的学习。于是，我用不同班级做了对比参照实验，一组是使用老年机的班级，一组是使用智能手机的班级。实验的结果是，使用智能手机或者老年机并不会对学习成绩产生直接和迅速的影响。这说明，学习这回事最重要的还是在人自身的态度上，而不是外界的干扰。使用智能手机不会必然导致学习成绩下降，使用老年机也不会必然促进学习进步。

可是，疑惑依然存在，虚拟社交为什么那么吸引学生？

我们不妨站在学生的角度去思考这个问题。首先，虚拟社交是学生释放压力的出口。高中时期，学科多，学习压力大，以浙江省为例，新高考之后，学习的课程多，学习难度大，从学考到选考，我们的学生需要参加很多次重要的考试。三年马不停蹄地考试，给了学生巨大的压力，对于尚未成年，从小成长经历顺畅，成长环境优渥的学生来说，确实是不容易面对和解决的难题。他们需要找到一个释放压力的一个出口，或者倾诉自己内心的苦闷，或者暂时逃避学习的压力。因此，虚拟社交的及时性、随时性和隐蔽性便成了他们的选择。其次，高中生正处在青春期，对新鲜事物有强烈的好奇心，他们追随流行的、新生的事物。手机能让他们在第一时间了解流行的咨询，了解到他们喜欢的偶像、事物的动态。兴趣的吸引力是巨大的，因此就不难理解为什么手机会有如此大的诱惑力。更为重要的是，高中生的感情世界日渐丰富，自我觉醒意识在慢慢增强，时代也让他们有了空前的话语意识，他们有属于他们这一代人的话语体系和交流方式，他们需要有一个属于自己的世界。但是在平常枯燥的学习中，在这么大的压力下他们是得不到这种满足的，所以他们自然而然开始在网络上寻求安慰。在虚拟世界里，学生可以扮演多种自己想要成为的角色，所以有的学生不仅仅只有一个号，有大号、有小号，等等，这其实可能是他们在人格不同侧面的表现或者是对理想人格追求的体现，能够满足他内心情感的需要。

所以，一味制止显然是无法解决问题的，人对精神世界的需要源于天然，粗暴的割裂只会带来更强烈的爆发。更何况，手机本身只是一个工具，从客观属性上来讲，它就是一个交流工具，新兴的智能手机将这种属性的外延拓展了，它已经不局限于通话交流，更是社交、讯息获取、支付、购物等方式的人与人、人与外在世界交流的工具。深处网络时代，你不能要求学生回归原始的生活方式，面对手机焦虑，还需以"智"化解。

智能手机的第一责任人应该是家长，家长有义务教育学生适度使用手机。我们的控制一定要有度，社交工具是一把双刃剑，如果只是用来刷存在感，对学生来说是没有多大意义的。实际上网络社交是交往的一种形式，但绝对不是唯一的形式，我们中学生喜欢标新立异，容易接受那些新鲜的事物，是时代的宠儿。用是可以的，但是一定要有度。

我听过一位校长给我讲的他们学校发生的一件事。他们学校的某一个班，班主任就把一些同学组成一个一个的学习小组，学习小组当中有学生、有老师、有家长，他们组成了一个同伴互助学习小组，也就是一个学习的共同体。他们在社交软件里面分享学习心得、分享学习上的感悟，或者是有学习上的疑问，就通过相互之间的互帮互助一起解决。我觉得这个方式非常好。浙江实行新高考之后，就有了选课走班的制度，那个时候我校的行政班级就慢慢地开始弱化，学校就用另外一种管理办法去补充，即导师制度。在我们学校，我也听说过我们的老师通过网络社交软件与学生联系，然后去监控学生的学习，帮助学生解决成长过程中出现的问题。

引导学生适度用手机，需要我们教会学生学会控制，如目标管理。怎么进行目标管理呢？家长要控制学生手机的流量，控制学生用手机的时间。家长可以跟他们商议什么时候可以使用手机，什么时候不能够使用手机。学生在上课期间，手机放在家里或者交给班级管理。

我们家长还要教学生走进现实，提升学生在现实中的人际交往能力。当然，不是随随便便加好友、随随便便见网友，应该在现实当中结交好朋友！我们的孩子需要友情，更需要我们用自己的经历和感悟教会孩子如何去经营友情。我们的孩子更需要亲情，你要相信虚拟世界的精神愉悦一定是对现实世界缺憾的弥补。

网络时代的浪潮之下，没有人可以做到在岸上行走，每个人都置身其中，需要我们用更加客观、更加理性的态度和思想去面对。

三、学校求"道"而非"技"

分数不是学校教育的全部

在新学期的开学典礼上，我对全校学生说了这样的一句话："孩子们，这几天我看见你们特别有礼貌，主动向老师问好，行为举止文明得体，个人风貌规范。有你们这群可爱的孩子，是我们全校老师的福气！"作为基础教育工作者，我始终坚持办学是为孩子的未来奠定幸福的基石，培养有善根与善习的高尚之人。分数不是学校教育的全部与唯一。课堂需要关注，课堂不只是传授知识的殿堂，德育应始终伴随着知识的传授而浸润于学生的心灵土壤。在做了20多年的教育后，我越来越深刻地理解了坚守教育的大爱与责任的重要。一位很有名气又颇有争议的中学校长曾跟我说过这样一句话："你做校长，中学和大学所学的你用了多少？"虽然我并不赞同他的观点，但我知道知识不能与成功完全成正比，人的人文底蕴、科学素养、良好习惯、价值观、心态更远胜于冰冷的分数。

如果学校的学生和教师被当作造分的机器，被当作实现个人愿望的工具，学校绝对不是具有"人"的学校。一所学校即使风景如画，即使设施高档完备，如果缺少人文与人性，那绝对不是一所富有生命的学校。因此，教育首先要建立在人与人相互尊重的基础上。一位老师曾问过我："你对教书有怎样的理解？"当老师时，我自认为是一位优秀老师，曾经赛课获过很多奖，但在备课和讲课时，我关注的是自己如何讲清楚、如何环环相扣、如何非常顺畅地把知识讲下去、如何展现教师的个人素质和讲课技巧。在我的努力下，学生考试成绩也不错。当校长时的第一次教书，我就特别关注培养学生的情商，平等对待每一个学生，尊重每一个学生，对班里的每一个学生都充满无限的期待，师生感情特别好，学生因此不得不努力地学习我所教的那门学科。离开讲台几年，再一次兼课时，在善待所有学生的同时，我更关注尊重学生个体，根据学生的学情备课，根据本班学生的思维特点调整教材。我时常问自己：这是我班学生需要的吗？这对我班学生来说理解困难吗？能否让我班学生更多地去发现问题、分析问题、解决问题？我不会让学生生硬地去记什么，而是通过理科教学着力培养其严密富有逻辑的理性思维方式和应有的科学素养。我校"群星灿烂"的办学理念，体现了对人的认同与尊重，课堂正是践行办学理念的主要阵地。

"未来"我来

宁波市第二中学是一所非常特别的学校，如一位70多岁的老先生还一直站在讲台上上课。前段时间，一位领导来校访问，他看到这位老师，听说了他的事迹后，不由得鼓掌称道。他说："黄校长，你一定要好好表扬这位老师，你一定要为这位老师颁发荣誉证书！了不起！"这位老先生现在已经在享受快乐的教育人生，他50多年一直坚持站在讲台上，从未间断。他是我们学校的灵魂人物。

宁波市第二中学所在的竹洲岛，早在一千多年以前就是文人墨客的讲学场所，是浙东的文化学术中心。一百年前，这里开办了女子师范学校。她有着深厚的文化积淀，有着教师特有的风骨，是一所非常传统的公办学校。一所百年老校如何面对未来？这是我和我的老师们正在思考的问题。

有一天，学校学生社团电脑社的两位孩子来到我的办公室。他们开发了一个叫"微二中"的App。孩子们希望我能在更大范围内推广他们的手机软件，通过"微二中"App，以最快的速度、最直接的途径，将宁波市第二中学的一切展现给每一个人。2020 年 9 月，在我工作了 26 年的重庆铁中，有一位喜爱服装设计的孩子，在学校举行了她的个人服装发布会，她的班主任走上 T 型台，担任模特，鼎力支持她。也是在这所学校，一位高中生仅用了一个月的时间就制作了一台简易的 3D 打印机，并真打出了一些作品。这是我们以前难以做到的，其实，孩子们体内蕴藏着狮子般的能量！每一个孩子都应是我们老师的宝贝，每一个孩子有着多元智能，在老师的眼中，绝对"没有学困生，只有差异"。

国家出台的新的高考制度，更多的是注重学生的个性发展。深化考试招生制度改革，高中教育将会发生以下重大转变：高中教育将从仅仅关心一次终结性考试的成绩转变为要关注学业水平考试和高考，同时也要关注各项选修课成绩，因为这些成绩将在综合素质评价中有所体现；对于学生的评价将从仅仅依赖于高考成绩转变为重点关注高考成绩，同时参考综合素质评价结果；学生的学习将从过去的统一化、单一化转变为个性化、有选择；学校组织教学将由固定班级的统一授课方式转变为选课制、分层教学和走班制；取消文理分科之后，过去对数学的不同要求转变为统一要求；高考将逐步实现由分省命题转变为全国统一命题，而且命题也将实现由重知识到重基础性、综合性和重能力的转变。

9 月 19 号上海和浙江同时公布的新高考方案，分类考试、综合评价与多元录取成为本次新高考的关键词。沪浙两地率先进行新高考方案的试点，因其有良好的教育基础。新方案代表着基础教育的走向，新高考方案，着力彰显"选择性教育理念"。学生既可在不同考试招生模式中自主选择，又可以在统一高考中自主选择选考科目、考试时间和成绩。这是对学生的一次解放。这让我不由自主地想到一部故事片《高考 1977》。1977 年的高考，影响了我国的教育和整个社会的诸多领域。高考考试与招生，向来被视为教育的"牛鼻子"，抓住了它，牵一发而动全身。新高考制度将同样对我国的未来产生极大的影响，这种顶层设计"倒逼"着高中课程教学的改革，促进了整个育人模式的变化。

思考改革，我们面临着以下诸多问题。

选择的丛林。学生可以自由选择学业考试科目和高考科目。高中学生，特别是高一学生对自身的职业倾向认识不够成熟，对自己学业特长发展还不能准确预见，缺乏选择的意识和选择的能力，在选择选考科目时比较盲目。学校教师和学生家长对学生职业生涯规划指导的水准不高、经验欠缺，在有效帮助学生规划专业和职业发展方向上也存在一定的差距，学生的生涯规划教育并没有相应的配套，学生并不知道自己的优长、兴趣和志向，让他们自由选择的幸福突然降临，他们可能会迷失在选择的丛林中。

潮汐现象。随着7门学科学考与选考的进行，这些学科的任课教师需要量会在不同年份、不同时段发生变化，教师的用量会出现阶段性不足和剩余问题，这是所谓潮汐现象。另外，语、数、外三门学科高一阶段为了让学生对其他学科有尽可能多的体验，需要适当减少课时，可能需要一个教师任教3个班级，而到高三阶段由于其他学科大量减少，会出现一个教师任教1个班级，同样会出现语、数、外三门学科教师用量的潮汐现象。

真空现象。每年10月、4月学考后会出现一个教学真空期。教师要阅卷、学生要等成绩揭晓后重新选课、学校根据学生选择会重新排课等。这些现象都会为目前的学校教学时段带来冲击。如果学生学业顺利，高三第一学期的10月份基本结束学考、选考的科目，只剩语、数、外三门课，也会出现真空期，学习内容比较单调。

考改与课改的矛盾。浙江课改要求20％～25％的时间必须拿来做非学科性的选修课。除掉这些课时，余下的每周二三十个课时，又该怎么满足学生多元的必修课选课要求？

质量监控的困难。7门学考科目对于学生来讲，选择3门作为选考科目，必然意味着同一行政班的学生在同一学科中有不同的学习需求，需要必修课分层走班教学。以前是统一教学进度和考试内容，但是现在不同学校将会根据本校学生实际情况，规划不同的学考时间，设置不同的学科周课时数，各校教学进度存在较大差异。所谓统一考试横向比较和大一统的管理模式将无法进行，地市的教学评估调考如何进行？地区教学调考的评估价值将被大大削弱，过程质量如何监控？

硬件设施设备的受限。如果全校实行以选考科目进行分层走班将受到教学场地和设备方面的制约。

面对以上问题，我们必须改革。在教学实施、教学安排、教学管理、教学评价等方面必须进行较大的变革。每个学科要开展分层、分类教学，每个学科需要有自己的学科顶层设计和学科规划，形成富有特色的本校学科体系。我校30岁以下的老师只有两个，一个是体育老师，一个是心理老师，其他都是 40 岁左右的成熟型教师。往往成熟的骨干教师转变观念，改变过去的定势思维和教学习惯是很难的。如何让老教师成长为新教师？我们选择了一个途径，那就是在学校推行现代信息技术手段，把教师推上现代学校办学的车道。在宁波，我校有幸成为智慧教育工程的试点学校。科技的发展，让我们的器官在不断延展，我们能够看得远、走得远、听得远，科技提高了我们工作和生活的效率。现代信息技术，如 MOOC、微课、翻转课堂等基于网络的教学形式在宁波市第二中学开始出现。信息技术促使了教师角色更加多元化、专业化和职业化。为了更好地实施个性化教学，学校教师充分利用信息技术手段如网上答疑等形式满足不同层次学生的教学要求。新高考将越来越促使教师利用网络信息技术去解决分层教学的难题。我们选择了线上学习与线下学习的结合，实体教室与虚拟教室的结合。通过对学生学情大数据的处理，更加精准地向学生投放学习资料。班主任制和学科导师制、人生导师制的结合，做到了教育的无缝衔接，在学校形成了一种教育的文化场。另外，进行跨界合作，如跨行业的、跨学校的、跨国家的合作，把整合的优质资源为我所用。与此同时，整合上课时间打破课时界限，以学生所需来安排课时。

以上这一切，都是围绕着一个字——"术"，去探讨、面对新高考。我们未来的学校应该怎样建设，这是技术问题。实际上一所好学校，它首先要解决"人"的问题。在很多人眼中，高中教育不过是通往大学的一道桥梁。我国高中教育是基础教育的最高阶段，高考影响、制约并决定着高中学校的日常状态，许多高中学校沦落为教育的"大工厂"，课堂沦落为"车间"，教师沦落为"流水线"上的"操作工"。不管是怎样的一所学校，都应该有三种教育，即人文教育、科学教育和公民教育。教育的哲学基础应该是把人当作人。第一，学校应该是温暖的，教师生涯绝对不是一个人的斗争史。第二，学校应该是有趣的。学校应该有五个园，即家园、学园、乐园、育园、慧园。在学校，让学生发现自己的兴趣所在，也让教师有机会把自己的兴趣转化成动力，教育才有可能变得幸福、快乐，才有可能自信和丰满，人的潜能才有可能被唤醒、激发、发挥和发展。所以，我们认为，把学生的优长、兴趣和志向重叠在一起，那就是学校教育的成功。一个人的成功就是父母生予的天资能够得到最为充分的展现和发挥。新高考就是帮助学生成为最好的自己。未来的学校，就是培养学生做具有健全人格的最好的自己!

在"微二中"App 上有一位我校毕业生的一篇文章。上面写道:"你们不曾体会一个游子的心情,直到你们也离开她。我要用一生去想念她。不久你就会发现,她会是你这一生中最重要的时光。"宁波市第二中学是一所三年制高级中学,毕业生最能感知学校办学的优劣。当学生离开母校后,对母校越来越发自内心的眷恋,这所学校一定不是差学校。现在,大的教育环境不可能立竿见影地被改变,特别是从中国的西部到东部,我明显地感受到了中国基础教育的不均衡状态和各地出现的不同程度的教育难题的状况。我们不能改变整个沙漠,但至少可以给孩子营造一片绿洲;我们无力抵抗严酷的寒冬,但至少可以在孩子心田播种春天。

学校教育的作用,绝不仅仅只是为了升学,教学也绝不仅仅是为了考试,教育的价值更在于帮助人认识和理解人生,教学的重要作用是为了帮助学生学会学习。所以,未来的学校应该不是控制的学校,是解放的学校,是做最好的自己的学校。我曾看过一个现代舞——《沿着那条线》。我的理解是,那条线不是对人和学校的捆绑,不是木偶的提线,而是抛向我们未来的金丝银线,是编织在我们内心的经络。好的教育,就是在为我们编制幸福的经络,像遍布我们全身的神经网络。如果我们在将来把它拎起来的时候,这张网络就构筑起了我们精神的脊梁!"未来"我来!

留白是教育的艺术

不知为什么,我突然把"减负提质"与绘画中的留白联系了起来。

减负提质是一种智慧,是教育的一种境界。

追求成绩,办人们满意的教育;追求成长,办民族满意的教育。前者是近期目标,后者是远期目标。我们终于找到了在两者之间的行走方式,那就是减负提质。

我所理解的减负提质,不是不考虑高考而盲目缩减课程或作业量,而是减掉不必要的低效或无效学习,减掉过重的精神负担,拓宽学生自主学习和自主发展的空间。因此,我们要求课堂 40 分钟不能"满堂灌",要留时间让学生过手知识,主动提问,自我消化;我们要求晚自习时教师不能一讲到底,要让学生合理安排时间自主学习,要教师答疑个别辅导和集体点拨。如果学生的时间被教师辛苦忘我的"讲授"挤得满满的,那就不可能有学生自己解决问题的时间，他们总是被牵着鼻子走，走到哪里黑就到哪里歇，怎么不疲惫和低效呢？如果学生在一次次学习成绩的提高中获得自信和快乐，那么，他们就会忘我地学习，甚至主动减少休息时间去获取更多的新知，也不会感到厌倦和负担。

留白，顾名思义，就是在作品中留下相应的空白。比如，中国画的留白，这是一种美，是一种布局与智慧。画如果过满，在构图上就失去了灵动，显得死气沉沉，有了留白，便给了人以遐想和发挥的空间。艺术大师往往都是留白的大师，方寸之地亦显天地之宽。课堂上留下学生自主学习的时间，就是一种教学艺术的留白。正如齐白石的虾，因为留白，我们才能感受到水的清澈；徐悲鸿的马，因为留白，我们才能体味到风的飘逸。留白的课，一定是学生思想驰骋的课，一定是高效而生趣盎然的课。

课堂需要留白，教师的讲授必须精练。怎样才能让教师精讲？那就是备好课，备好课的最佳途径就是集体备课。集体教研真的那么难吗？这是一个怎样看待集体合作的问题。有的教师认为，自己辛苦钻研的劳动成果被工作不上心的同事占用，是吃亏；有的教师不理会同行对自己的差评，敷衍塞责，心安理得地坐享别人的劳动成果。这两种心态都不利于集体教研的开展。由于教师的教学年限、业务水平、学科专长和教学经验各不相同，从而导致教学水半的差异，而开展集体备课就解决了这一问题。集体备课是一种草根式的行动研究。通过教师自我钻研、分工主备、集体研讨、教后反思的过程，集思广益，博采众长，相互启发，凝聚集体智慧，有利于教师的扬长避短，更有利于教师在高起点上的专业发展。面对新课程，人们缺的不是先进的理念，而是缺少理念与实践有机结合的能力与机智。那我们就从课堂留白开始吧。

四、传承、守正与创新

播下传递幸福的美德种子

2013 年，我校在京沪招聘的 21 名大学毕业生中大多为硕士、博生研究生，分别来自北京大学、复旦大学、南京大学、重庆大学、西南大学、辽宁大学、北京师范大学、华东师范大学、东北师范大学等名校。学校有关干部和教师花了相当大的精力去这些学校遴选应届大学毕业生，我们采取了特别审慎的态度。对于这些毕业生来说，教授中学的学科知识，应该是手到擒来的事。高学历不是教师队伍优秀的决定因素，教师职业精神、教育观、价值观等的确立和完善远比教学技能、技艺重要。教师的学历层次很容易提高，但教师职业精神的培养和心态情绪的调整非一日之寒。在几十年的教育生涯中，我看到了数百个教师画出的不同的人生曲线。有的一直昂扬向上，有的冲入一个高点后又瞬间滑落，有的进入到一个平台区后始终无法再有突破，有的一直在低起点处徘徊……教书的技能、技巧是容易练出来的，但教育观、价值观、人生观的正确确立和完善发展，并不是那么容易的。因此，有的可能做到了形似优秀教师，但做不到神似，其发展的平台受到了极大的制约，永远不会走得更高、更远。当教师按优秀教师的标准做到了形神兼备，那他一定会有一种从容与淡定，始终会由内向外散发出富有魅力的人文力量。在这种力量的牵引下，学生成就着他一个又一个的教育梦想，实现着一个又一个的教育奇迹。有位毕业生曾经对我说："其实，老师向我们输出的是思想，而不是单纯的知识！不过，现在人们对能够提高分数的老师更喜欢。可是，没有人知道：当努力进入大学后，更多的人发现——自己不过是来混文凭的！"我非常惊叹，一位大学生对基础教育居然有如此深刻的思考。

知识是冰冷的，思想是温暖的。如果教师传授的是温暖的知识，那么，学生得到的就是具有生命力的成长养分，而这些最终将化为学生终身受用的素质，在他们的一生中如影相随。俄国人本主义代表人物，曾是中学语文教师的车尔尼雪夫斯基有句名言："要把学生造就成一种什么人，自己就应当是什么人。"由此去想，作为校长，能不能更接地气地说一句："我亲爱的同事，我们想自己孩子的老师是什么样的老师，我们自己就要成为什么样的老师。"特别是教师，对自己孩子的老师有种更高的期盼和要求。我们换位思考，把学生当成自己的孩子来培养，爱生如子，教育说起来就这么简单！

基于这样的认识，我们给孩子的就不仅仅是冰冷的知识，孩子在学校得到的也绝不是带血的分数。孩子更需要我们传递幸福人类的美德种子，更需要我们传递奋斗的力量火炬！让我们每一年都给自己的心灵来一次大扫除，把垃圾全部倒掉，然后用爱与阳光、平和与安然填满心灵的每一个角落。关注自己内心世界的丰满与安详吧，用亲情、友情、善缘与成人之美去滋润生命的轮回。

沙朴树倒下之后

宁波市第二中学有一棵 160 多年的古沙朴树，它是二中人精神象征的图腾树。然而，四月一场普通的风雨之后，枝繁叶茂的古沙朴树毫无征兆地倒下了，全校师生为之哀叹和惋惜。荷尔德林说过，思想最深刻者，热爱生机盎然，理智的人应该能在猝然的不幸中找寻到积极的新生。古沙朴树虽然倒了，但却成了学校文化建设的又一次机遇。建设学校文化是优质学校的基本特征。这件影响学校精神凝聚的突发事件，让我有机会再次思考饱含人文情怀和人文温度的学校文化建设问题。

一、学校文化：共同认同的行为准则和价值观

学校文化不是墙上的标语，不是学校硬件的投入，不是表面的装修和装饰，不是学校的宣传标签，而是学校长期积淀形成的具有学校独特人文特质的约定俗成并被师生接纳的行为准则和价值观。

宁波市第二中学所在的竹洲岛位于宁波的母亲湖——月湖。清代大儒全祖望在竹洲岛上著书立说 30 年，对月湖文化有着这样的阐释："湖水之静深，足以洗道心；湖水之澄洁，足以励清洁；湖水之霏微，足以悟天机。"月湖文化是立德树人的文化，是与时俱进的文化。千年的月湖孕育出百年的二中，二中的办学理念也在月湖文化的渐染中积淀形成：以文化育文化人。从 1912 年建校初始，学校一直着力于以文化浸润造就国之栋梁，二中爱国、科学、自强不息的办学精神也在长达百年的办学过程中提炼确定。

二中没有简单粗暴地处理掉这棵倒下的树，而是赋予这棵枯树新的生命，让这棵树在二中人的生命中传承延续。这体现了生命教育高度和人文精神温度的处理方式正是基于二中的这种学校文化。

二、文化传承：尊重与丰富

学校文化需要传承。传承不是呆板的复制和克隆，而是对既有文化根基的尊重，并不断深挖其内涵，丰富其外延。有的校长热衷于在"废墟"上建一所学校，新官上任三把火，全盘否定前任的工作以显示自己的高明。"烧毁"了曾经的过往，也割裂了学校的历史，随意更改办学理念和校训，追捧教育热词，脱离学校的实际土壤，随心所欲。校长把自己立在学校的正中央，把学校当作了自己独舞、独唱的舞台，忘记了历史

赋予学校校长的使命首先应该是传承。结果是教师无所适从，学校文化贫瘠。

传承是一所学校的人文本色，在继续发扬光大学校的良好校风、中华优秀传统文化和人类伟大文明的基础上，学校才有办学品质的高位势能。最近，我校语文教研组集体教研活动邀请了一位92岁高龄的退休教师畅聊为师之道和人生哲理，全组后辈教师深受启发。这位老教师拿出珍藏40年的记分册，册子上不仅有语文学科成绩，还有其他学科成绩。他这样做的目的是为了全面掌握学生的学情，和其他学科教师一起，合力帮助学生学业进步和全面发展。这种细微之处展现出来的教师务实和团结协作的教风，在今天语文组教师团队中照样尤为突出。

三、守正：持守良知和常识

在传承的基础上，校长更要守正，守住教育的良知，守住教育的常识。

守正，是守住教育的良知。学校首先必须是人的学校。正如植物根尖的生长点细胞不停地分裂增殖让小树苗最终成长为参天大树一样，学生智能优势、兴趣爱好和职业志向三者的重叠点就是学生的生长点。如果教师帮助学生真正找到了这个点，学生着力于这个点，展现它、发展它，必将打下人生幸福与成功的良好基石。在学校，教师关注学生成长的生长点比表面上的嘘寒问暖更能体现教育的理性和深度。持守教育良知的校长，应该视关注师生的生命状态比关注学生的分数和教师的业绩更重要。校长，就是要让师生有存在感、成就感和幸福感，要让师生有尊严地、生机勃勃地活着。否则，校园空无一人。

守正，是守住教育的常识，遵循教育的规律。早在春秋时期，先贤孔子就已经提出了十六个字的教育规律——有教无类、因材施教、寓教于乐、教学相长。"没有学困生，只有差异生"，就是体现有教无类；教学的个性化和教育的选择性，就是体现因材施教；教育活动的丰富性和情趣性，就是体现寓教于乐；构建师生学习共同体和教师的终身学习，就是体现教学相长。每到一定时期，教育圈总会出现一些时尚的新名词和新概念，如果我们单纯为了赶时髦，追风逐蝶，学校的办学只能流于肤浅而迷失自我。如果一所学校连基本的课程都没有开齐、开足，那它就无法体现自己的守正。学校办学的规范，就是一种守正。音体美、活动课、选修课、研学活动、社团活动被升学考试学科挤占，学生不能架构完善的知识体系，对于学生的长远发展来说，是一种戕害。

四、创新：多维度和多角度

学校文化的创新，是始终围绕学校文化的核心内容，不断赋予教育新的内容和形式，不断丰富、完善和彰显学校的文化。创新可以体现在学校的学习方式、学习手段、课程建设、教育活动等方面。

一是学习方式的创新。

以诗歌教学为例，学校语文组全体教师进行了教与学的大胆变革，开创性地形成了"果子红了"诗歌教学模型。此教学模型探索多学科融合的学习形式，将学生的原创诗歌与文创结合，把诗印在蓝晒上、饼干上、手绢上……玩一次"花信有约"创意集市；然后把诗歌改成歌词，举办"且听风吟"原创音乐会；再把歌曲拍摄成 MV，举行"飞鸿印雪"原创歌曲 MV 的电视展播；最后把优秀的诗歌汇集起来，以"月牙初上"为名，出版诗歌作品集。在一系列的活动中，学生的文学力、艺术力、想象力、协作力、创造力和跨学科学习力等都得到了迅速的提升。对于学生而言，这不仅仅是语文课程的丰硕成果，更是他们享受学习、玩转二中的最好诠释。

二是学习手段的创新。

时代的步伐已经迈入了智能时代。学校着力加强基于互联网、大数据、云计算的智慧管理体系的硬件建设，融合资源优势，以平板电脑为媒介，引入智学网项目，开展个性化教学。初步形成了以个性化学习、协作学习为主要特征的智慧教学，建成以移动终端、智慧教学、智慧教育云等为主要标志的智慧校园。智慧教育成了学校提高教师教学科研的新途径、提升办学品质的新手段、推动教育创新的新动力。

三是课程建设的创新。

学校遵循尊重天性、涵养德行、发展个性的课程理念，构建了富有二中文化特色的"双星模型"课程体系，以丰富的课程体现教育的选择性。依托月湖这一独特平台，以帮助学生进行初步的职业体验为主要目标，打造"小校园，大学校"，形成了"月湖寻宝"特色选修系列课程群。课程群包括"月湖印记"社团文化、"寻梦月湖，圆梦二中"校友寻访生涯规划等子模块。以月湖文化为基础的"月湖寻宝"系列课程群，注重文化之美，彰显了二中的历史人文底蕴。

四是教育活动的创新。

学校摒弃呆板、枯燥和僵化的教育活动形式，力求每一项教育活动都蕴含学校独有的文化味。学校采用师生互动的、喜闻乐见的形式促成师生互动，进行有效的人生指引；图书馆采用全开放式模式，废除借阅手续，充分利用学校每一个角落构建书香校园；高考前夕，全校教师用双手为高三学子搭建"成功门"，用老师的祝福给予学生拼搏的力量；学子们在离开母校的最后一天，在档案室留下了一封写给自己未来的信，表达对未来人生的期许。今年高三年级成人仪式上，我从倒下的古树枝干取材，把其中坚硬的木质部切成小块木材作为富有教育内涵的礼物赠送给每一个学生留作收藏，以此传承学校精神。这里的教育没有说教，只有文化的浸润。当一所学校拥有强大的文化场凝聚成向上的力量时，人人都是一部发动机，也是别人的发动机。

月湖侧畔风流过，枯木前头万树春。学校发展具有周期性，在发展的高原期需要校长带领学校突破瓶颈，寻找优化和发展的方向，创造一个又一个发展的新的制高点。学校以文化作为校魂，在每天的传承、守正和创新中实现新旧的更迭，为国家和社会绘制和展开绚烂的画卷。宁波市第二中学的百年图腾树倒了，但学校抓住了这个文化立校的最佳时机，通过一系列文化活动，展示了学校的文化底蕴和人文厚度。新的沙朴树苗栽种下去了，学校师生面貌焕然一新。站在历史的又一个百年的起点上，学校意气风发，再次扬帆起航。未来，在竹洲岛那棵古树倒下留下的巨大空白处，将重新出现一个富有文化厚度、象征二中精神、兼具自然和人文力量的景观，让师生在自然的运行中获得智慧和启迪，体悟生命的轮回和人文的温暖。

在理想与现实之间

曾经有人问我："您认为一个优秀的校长应该具备的素质有哪些？"我不是一位优秀校长，只是一名普通校长，但在二十多年的校长岗位上，我有很多值得年轻校长们值得吸取的教训。一位优秀校长，一要具有高瞻远瞩的领航力。校长必须具有办学的远见，能从错综复杂的教育现象中看出本质与规律，对学校办学和特色建设进行切实可行的定位。二要具有世事洞明的观察力。校长要深层次地熟悉学校的过去和现状，关注育人的细节，在处理学校发生的各种矛盾时，善于抓住主要矛盾，建立全方位的思维方式。三要具有博采众长的整体协调力。校长要善于发现每个教师的优长，为教师专业的特色发展搭建平台，美人之美，美美与共，和谐发展，群星灿烂。四要具有身体力行的执行力。老老实实做教育，安安静静办学校，朴朴素素做教师。把教育史上的经典理论成果实践于现实生活中需要勇气和定力，知行合一比所谓教育创新更难，更令人叹服。五要具有激情万丈的感召力。立德、立功，还得立言，校长有自己的办学思想，还要清楚地表达出来，敢于表达和善于表达。

好的教育一定是有"人"的教育。教育是很有意思、很美的一项工作。如果把学生看成一个容器，在校长和教师心中，那就只有功利的分数了，自己也就是一个冰冷的造分机。如果心中没有对人的关注，人数再多的学校，哪怕是万人中学，同样是没人的。这里的"人"，是人文与人性。有"人"的教育，是一项会开出花儿来的好事业，你会看见在你眼前的学生，他们的生命是如何成长的，又是如何绚烂精彩的。我越来越关注学生个体生命的质量，每一个学生能够充分挖掘和发挥出父母给予的天资，那就是教育的成功。

我坚信"没有学困生，只有差异"。我读初中时，在一次游泳考试中，不知怎么回事，自己在水中突然沉下去了，把我救上来的居然是平常最差班上的一位同学。当时，我年龄还小，但我已经知道了成绩不好的同学真不一定就是学困生和坏学生。

在三十多年的教育生涯中，我遇到过成千上万的学生，我逐渐站在学生健康成长的立场上去思考学校的办学问题。学校要承认学生的差异、善待差异和发展差异。学生的智能优势、兴趣和志向如果能够很好地重合在一个点上，学生就很容易成功，这个点就是学生成长的生长点，学校教师就是要寻找到这个生长点。这样的教育观，令我校的学生家长深受感动。2019届沈嘉悦同学的家长说："高中三年是孩子三观形成的重要时期，有一个博学、儒雅、宽容、有爱心的校长和老师，对孩子一生都有良好影响。学校的教育理念，让我的孩子不但学到了课堂知识，而且还有机会学会现场直播、舞台灯光调音台控制，还考取了无人机驾照……第一次知道儿子会这些本领时，我真的是大为吃惊。虽然有高中三年难免的辛苦，但他更多的是快乐，高中阶段一定会是他人生中难以忘怀的美好时光。"

这位家长深信，每一个毕业生从学校带走的不仅仅是高考分数，这些简单的阿拉伯数字会在他们的人生旅途中逐渐飘散，而留在他们血液里、种植在他们心田里的是做人行事的善良、智慧、坚毅与执着。

学校办学的幸福指数大致可分为五大支柱：优美宜人的学习环境，公平和尊重的人文环境，学校优良传统文化的继承和发扬，行之有效的管理制度，可持续的学校教育的健康发展。宁波市第二中学是一所占地只有40亩的小校园，但任何学校都可以以内涵发展办成大学校、名学校。"名"与"大"不是漂亮的教学成绩，更不是学校的豪华气派，而是这所学校丰富的课程、多元的文化、师生心灵的自由舒展、发展空间的广阔、学校独特文化价值观的广泛传播。

教育家有四种类型：战略型教育家、管理型教育家、教学型教育家、理论型教育家。中学校长应向着管理型教育家发展。当然，教育管理名家来自实践，但必须超越实践，应该具有极强的理论转化能力和迁移能力，行走于理论与实践、理想与现实之间，即思考着的行动者。教育管理名家永远处于进行时态，不断学习更新，不断大胆实践。

陶水琴老师是我校一位外婆级的"年轻教师"，她始终充满着教育的激情，我偶然看到她对我有这样的评价："这个校长有点奇葩，他完全没有校长的架子，对每个人甚至每只猫、每条狗都如此温和，有用不完的耐心、细心和爱心。在分数为王的教学大环境下，他关注的竟然是教师职业的幸福感，为学生释放天性、发展个性绞尽脑汁。这是一个有梦想、有情怀、有温度、有格局的校长。"我会以此作为对自己的鞭策。

从业三十多年，对我而言，最有成就感的事不是学校的升学率上升了多少个百分点，也不是个人获得了全国劳动模范和特级教师的称号，而是经过多年的办学，师生的眼神灵动起来了，他们处在一个平和而健康的工作与学习状态中。

未来的宁波市第二中学，应该是一所好学校、一所宁静而鲜活、解放而非控制的学校，一所文化传承并与世界站在一起的学校，一所有温度、有人性、有故事、有美感的学校，一所充满智慧具有学术力量的学校，一所做了学生几年的母亲而让学生用一生去想念的学校。

后　记

做学校的文化引领人，办有"魂"的学校是我一生的追求。

我在担任正职校长的 20 年里，深刻地感受到了东、西部学校治理水平的各具特色，也深刻体察到东、西部学校文化培育的差异。

学校应因校而治，而不是因校长而治。每所学校均有不同的历史背景、教师生态和生源基础，任何一位校长都没有一成不变、放之四海而皆准的治理秘诀。教育，一切从人出发。只有以人为核心的学校，才能培育出属于自己的学校文化，只有有文化的学校才能成为有"魂"的学校。学校治理的核心永远不会改变，那就是人文关怀和以人为本。

对教师真正的人文关怀应该是满足教师自我实现的需要。如何激发教师内在的工作动力，每个校长各有高招，但所有有效举措的背后，最根本的核心就是人。学校要解决的问题是人与术的问题。人，即人性和人文；术，即学术、教育的艺术和技术。我这本书主要谈的是关于人的问题。学校是人育人的地方，学校治理的重点更应以人为本，彰显人文关怀。

在刚走上重庆铁路中学校长岗位时，我让教师用白纸画一张对学校的愿景，至今记忆犹新的是有老师画了一张张笑脸，画了笑着的人。一所优质学校应该是有人的学校，绝对是学生第一、教师第一的学校。我和老师们根据学校的办学基础和文化特质，提炼出"星光教育"的办学模式，提出"没有学困生，只有差异"的办学理念，承认差异、尊重差异、发展差异，以多元课程、多元学习、多元交流、多元评价促进多元发展，让每一位学生拥有自己的跑道，呈现出了"和谐发展，群星灿烂"的教育局面。

后来，我通过宁波教育局面向全国公招，来到月湖中的宁波市第二中学。这是一所前身可追溯到北宋时期的城南书院，具有千年讲学史、百年建校史的学校。来到宁波二中后，我带领老师们做好三件大事——传承、守正和创新。传承百年老校的优良办学传统和人类的文明与文化火种，遵守教育常识和学习规律，守住教育的初心。然而，在这个变化的时代，变革才是永恒的主题。在传承中守正，在守正中创新，学校才有可能进一步发展。作为全国唯一一所位于5A景区的学校，具有丰富的人文资源和自然资源，但也正因为此，景区的环境限制了学校只能小而精。于是，我们提出了"小校园，大学校"的办学策略，把整个月湖景区作为学校办学的大课堂，打造出了"月湖寻宝"选修课程群，构建起了独具特色的课程体系。我们恪守"以文化育文化人"的办学理念，将学校定位为文化型、智慧型学术高中，建立了扁平化、服务型和学术型学校运行体系。"一边教书一边美"已经成为这所学校教师所追求的最理想工作状态。

基于学校以人为本的治校理念，面对新时代和社会的需求，我深知只有学校形态随之发生相应的变革，价值观、组织机构和运行机制才能协同一致。比如，在教学组织形式上的变革，涉及分层分类的课程体系建设、学科教室建设和走班选课、科学多元的评价与诊断体系等；在学校管理模式上的变革，涉及扁平化组织结构的建立、以学生为中心的学校生态建设和管理的服务化的实现；在全员育人的教育网络建构上，涉及学科教学转变成学科教育、学生个别化学习的培养和评价个人向评价团队的转变等。学校形态的改变，以逐渐满足师生达成自我实现的需要为目的，这是最大的人文关怀。校长除了要实现学校治理体系的制度化和规范化外，更要关注人本，体现多元，注重民主，彰显学校文化特色。

尊重不同个性和不同特色的学生、教师，才能真正成就生命的精彩。当学校的人文关怀延伸到每一个学生和老师，延伸到办学的每一个细节中时，这所学校的文化就孕育而生了。文化是一所学校发展的"魂"，这个"魂"来自学生，来自老师，来自学校对师生的尊重。如此，校长的工作便是撬动油门而不是推动轮子，毋庸置疑，激发内在动力所爆发出的能量会远远大于施加外部的压力。一所解放而非控制的学校，一所师生心灵舒展的学校，必然是有人性、有温度、有美感、有故事的新样态学校。当我调入宁波教育博物馆工作后，有更多的机会去研究宁波教育和中国教育的历史，去反思过去 34 年走过的执教之路。校长，需要有格局，有定力，需要坚守教育的初心，聚焦于学校的师生和家长，宁心静气、心平气和地去办学，才可能对"为天地立心，为生民立命，为往圣继绝学，为万世开太平"做出更完美的诠释。

最后，由衷地感谢一路关心我、扶持我、支持我的重庆市教委、内江市教育局和宁波市教育局的领导和同人们！感谢我的导师、教育部教育发展研究中心副主任陈如平教授对我多年的培养！感谢甬派教育管理名家培养班的班主任袁玲俊老师和中国教育科学研究院李建民老师对我的悉心指导！感谢关心和帮助我的所有老师和朋友们！

如今，在中国第一家区域性教育行业博物馆，在中国第一所女子学校的校舍，在中国第一位诺贝尔科学自然奖获得者屠呦呦求学的教学楼里，潜心进行教育的研究和实践，我愿上下求索，甘之如饴，去承续和丰盈穿越亘古和未来的文脉！

2021 年 6 月 8 日于宁波教育博物馆